历代经典碑帖实用教程丛书

张黑女墓志

陆有珠　主编

广西美术出版社

图书在版编目（CIP）数据

张黑女墓志 / 陆有珠主编 . -- 南宁 : 广西美术出版
社 , 2024.3
（历代经典碑帖实用教程丛书）
ISBN 978-7-5494-2767-3

Ⅰ . ①张… Ⅱ . ①陆… Ⅲ . ①楷书—书法—教材
Ⅳ . ① J292.113.3

中国国家版本馆 CIP 数据核字（2024）第 023919 号

历代经典碑帖实用教程丛书
LIDAI JINGDIAN BEITIE SHIYONG JIAOCHENG CONGSHU

张黑女墓志
ZHANGHEINÜ MUZHI

主　　编：陆有珠
本册编者：施兴华
出 版 人：陈　明
终　　审：谢　冬
责任编辑：白　桦
助理编辑：龙　力
装帧设计：苏　巍
责任校对：韦晴媛　卢启媚
审　　读：陈小英
出版发行：广西美术出版社
地　　址：广西南宁市望园路 9 号（邮编：530023）
网　　址：www.gxmscbs.com
印　　制：广西桂川民族印刷有限公司
开　　本：889 mm × 1194 mm　1/16
印　　张：8.875
字　　数：88 千
出版印次：2024 年 5 月第 1 版第 1 次印刷
书　　号：ISBN 978-7-5494-2767-3
定　　价：41.00 元

前 言

中国书法是中华民族传统文化的明珠，这门古老的书写艺术宏大精深而又源远流长。几千年来，从甲骨文、钟鼎文演变而成篆隶楷行草五大书体。它经历了殷周的筚路蓝缕、秦汉的悲凉高古、魏晋的慷慨雅逸、隋唐的繁荣鼎盛、宋元的禅意空灵、明清的复古求新。改革开放以来兴起了一股传统书法教育的热潮，至今方兴未艾。随着传统书法教育的普遍开展，书法爱好者渴望有更多更好的书法技法教程，为此我们推出这套《历代经典碑帖实用教程丛书》。

本套丛书有以下几个特点：

1. 典范性。学习书法必须从临摹古人法帖开始，古人留下许多碑帖可供我们选择，我们要取法乎上，选择经典的碑帖作为我们学习书法的范本。这些经典作品经过历史的选择，是书法艺术的精华，是最具代表性、最完美的作品。

2. 逻辑性。有了经典的范本，如何编排？我们在编排上注意循序渐进、先易后难、深入浅出、简明扼要。比如讲基本笔画，先讲横画，次讲竖画，一横一竖合起来就是"十"字。然后从笔画教学引入结构教学，将两者有机地结合起来，再引导学生自练横竖组合的"土、王、丰"等字。接下来横竖加上撇就有"千、开、井、午、生、左、在"等字。内容扩展得有条有理，水到渠成。这样一环紧扣一环，逻辑性很强，以一个技法点为基础带出下一个技法点，于是一个个技法点综合起来，就组成非常严密的技法阵容。

3. 整体性。本套丛书在编排上还注意到纵线和横线有机结合的整体性。一般的范本都是采用单式的纵线结构，即从笔画开始，次到偏旁和结构，最后是章法，这种编排理论上没有什么问题，条理清晰，但是我们在书法教学实践中发现，按这种方式编排，教学效果并不理想，初学者往往会感到时间不够，进步不大。因此本套丛书注重整体性原则，把笔画教学和结构教学有机结合，同步进行。在编排上的体现就是讲解笔画的写法，举例说明该笔画在例字中的作用，进而分析整个字的写法。这样使初学者在做笔画练习时，就能和结构训练有机地结合起来。几十年的教学经验证明，这样的教学事半功倍！

4. 创造性。笔画练习、偏旁练习、结构练习都是为练好单字服务。从临摹初成到转入创作，这里还有一个关要通过，而要通过这个关，就要靠集字训练。本套教程把集字训练作为单章安排，这在实用教程中也算是一个"创造"，我们称之为"造字练习"。造字练习由三个部分组成，即笔画加减法、偏旁部首移位合并法、根据原帖风格造字法，并附有大量例字，架就从临摹转入创作的桥梁，让初学者能更快更好地创作出心仪的作品。

5. 机动性。我们在教程的编排上除了讲究典范性、逻辑性、整体性和创造性，还讲究机动性。为什么？前面四个"性"主要是就教程编排的学术性和逻辑性而言；机动性主要是就教学方法而言。建议使用本套教程的老师在教学上因时制宜。现代社会的书法爱好者大多要上班，在校学生功课多，平时都是时间紧迫，少有余暇。而且现在硬笔代替了毛笔，电脑代替了手写，大多数人并不像古人那样从小拿毛笔书写。在这种情况下，怎么能更快地写出一幅好作品？笔者有个建议，在时间安排上，笔画练习和单字结构练习花费的时间不要太长，有些老师教一个学期还只是教点横竖撇捺的写法，导致学生很难有兴趣继续学习下去。因为缺乏成就感，觉得学书法枯燥无味。如果缩短前面的训练时间，比较快地进入章法训练，就可以先学习整幅书法作品，然后再回来巩固笔画和结构，这样交替进行。学生能成功地写出一幅作品，其信心会倍增，会更有兴趣练下去。兴趣是最好的老师，要让学生学得有兴趣，老师就要打破常规，以创代练，创练结合，交替进行，使学生既能入帖，又能出帖，就能尽快地出作品、出精品。

诚然，因为我们水平所限，教程中定会有许多不足之处，恳请使用本套教程的朋友多多指正，以便我们再版时加以改正。

目 录

第 1 章

《张黑女墓志》简介

　　《张黑女墓志》全称《魏故南阳张府君墓志》，又称《张玄墓志》。此碑刻于北魏普泰元年（531年），出土地无可考。原石已亡佚，现存清何绍基藏剪裱本。

　　楷书，二十行，满行二十字，凡三百六十七字。书法用笔以方笔为主，圆转为辅，方圆兼施，中锋与侧锋并用，笔画或方起圆收，或圆起方收，长捺一波三折，转角含有分隶遗意，不少用笔还带有行书意味。结构化篆隶入楷，扁方而舒朗，波磔处带有隶书气息，古拙遒厚。整体书风精古遒劲，骏利朴茂，自然高雅。既承北碑神韵，又开唐楷法则，是魏碑书法的精品。

第 2 章

书法基础知识

1. 书写工具

笔、墨、纸、砚是书法的基本工具，通称"文房四宝"。初学毛笔字的人对所用工具不必过分讲究，但也不要太劣，应以质量较好一点的为佳。

笔：毛笔最重要的部分是笔头。笔头的用料和式样，都直接关系到书写的效果。

以毛笔的笔锋原料来分，毛笔可分为三大类：A.硬毫（兔毫、狼毫）；B.软毫（羊毫、鸡毫）；C.兼毫（就是以硬毫为柱、软毫为被，如"七紫三羊""五紫五羊"以及"白云"笔等）。

以笔锋长短可分为：A.长锋；B.中锋；C.短锋。

以笔锋大小可分为大、中、小三种。再大一些还有揸笔、联笔、屏笔。

毛笔质量的优与劣，主要看笔锋，以达到"尖、齐、圆、健"四个条件为优。尖：指毛有锋，合之如锥。齐：指毛纯，笔锋的锋尖打开后呈齐头扁刷状。圆：指笔头呈正圆锥形，不偏不斜。健：指笔心有柱，顿按提收时毛的弹性好。

初学者选择毛笔，一般以字的大小来选择笔锋大小。选笔时应以杆正而不歪斜为佳。

一支毛笔如保护得法，可以延长它的寿命，保护毛笔应注意：用笔时将笔头完全泡开，用完后洗净，笔尖向下悬挂。

墨：墨从品种来看，可分为两大类，即油烟墨和松烟墨。

油烟墨是用油烧烟（主要是桐油、麻油或猪油等），再加入胶料、麝香、冰片等制成。

松烟墨是用松树枝烧烟，再配以胶料、香料而成。

油烟墨质纯，有光泽，适合绘画；松烟墨色深重，无光泽，适合写字。对于初学者来说，一般的书写训练，用市场上的一般墨就可以了。书写时，如果感到墨汁稠而胶重，拖不开笔，可加点水调和，但不能直接往墨汁瓶里加水，否则墨汁会发臭。每次练完字后，把剩余墨洗掉并且将砚台（或碟子）洗净。

纸：主要的书画用纸是宣纸。宣纸又分生宣和熟宣两种。生宣吸水性强，受墨容易渗化，适宜书写毛笔字和画中国写意画；熟宣是生宣加矾制成，质硬而不易吸水，适宜写小楷和画工笔画。

宣纸书写效果虽好，但价格较贵，一般书写作品时才用。

初学毛笔字，最好用发黄的毛边纸或旧报纸，因这两种纸性能和宣纸差不多，长期使用这两种纸练字，再用宣纸书写，容易掌握宣纸的性能。

砚：砚是磨墨和盛墨的器具。砚既有实用价值，又有艺术价值和文物价值，一块好的石砚，在书家眼里被视为珍物。米芾因爱砚癫狂而闻名于世。

初学者练毛笔字最方便的是用一个小碟子。

练写毛笔字时，除笔、墨、纸、砚（或碟子）以外，还需有笔架、毡子等工具。每次练习完以后，将笔、砚（或碟子）洗干净，把笔锋收拢还原放在笔架上吊起来。

2. 写字姿势

正确的写字姿势不仅有益于身体健康，而且为学好书法提供基础。其要点归纳为八个字：头正、身直、臂开、足安。（如图①）

头正：头要端正，眼睛与纸保持一尺左右距离。

身直：身要正直端坐、直腰平肩。上身略向前倾，胸部与桌沿保持一拳左右距离。

臂开：右手执笔，左手按纸，两臂自然向左右撑开，两肩平而放松。

足安：两脚自然安稳地分开踏在地面上，与两肩同宽，不能交叉，不要叠放。

写较大的字，要站起来写，站写时，应做到头俯、腰直、臂张、足稳。

头俯：头端正略向前俯。

腰直：上身略向前倾时，腰板要注意挺直。

臂张：右手悬肘书写，左手要按住纸面，按稳进行书写。

足稳：两脚自然分开与臂同宽，把全身气息集中在毫端。

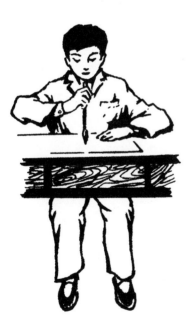

图①

3. 执笔方法

要写好毛笔字，必须掌握正确的执笔方法，古来书家的执笔方法是多种多样的，一般认为较正确的执笔方法是唐代陆希声所传的五指执笔法。

撅：大拇指的指肚（最前端）紧贴笔杆。

押：食指与大拇指相对夹持笔杆。

钩：中指第一、第二两节弯曲如钩地钩住笔杆。

格：无名指用甲肉之际抵着笔杆。

抵：小指紧贴住无名指。

书写时注意要做到"指实、掌虚、管直、腕平"。

指实：五个手指都起到执笔作用。

掌虚：手指前面紧贴笔杆，后面远离掌心，使掌心中间空虚，可伸入一个手指，小指、无名指不可碰到掌心。

管直：笔管要与纸面基本保持垂直（但运笔时，笔管与纸面是不可能永远保持垂直的，可根据点画书写笔势而随时稍微倾斜一些）。（如图②）

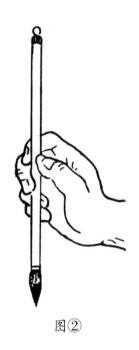

图②

腕平：手掌竖得起，腕就平了。

一般写字时，腕悬离纸面才好灵活运转。执笔的高低根据书写字的大小决定，写小楷字执笔稍低，写中、大楷字执笔略高一些，写行、草执笔更高一点。

毛笔的笔头从根部到锋尖可分三部分，即笔根、笔肚、笔尖。（如图③）运笔时，用笔尖部位着纸用墨，这样有力度感。如果下按过重，压过笔肚，甚至笔根，笔头就失去弹力，笔锋提按转折也不听使唤，达不到书写效果。

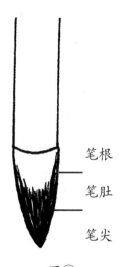

笔根

笔肚

笔尖

图③

4. 基本笔法

想要学好书法，用笔是关键。

每一点画，不论何种字体，都分起笔（落笔）、行笔、收笔三个部分。（如图④）用笔的关键是"提按"二字。

提：将笔锋提至锋尖抵纸乃至离纸，以调整中锋。（如图⑤）

按：铺毫行笔。初学者如果对转弯处提笔掌握不好，可干脆将锋尖完全提出纸面，断成两笔来写，逐步增强提按意识。

笔法有方笔、圆笔两种，也可方圆兼用。书写一般运用藏锋、逆锋、露锋，中锋、侧锋、转锋、回锋，提、按、顿、驻、挫、折、

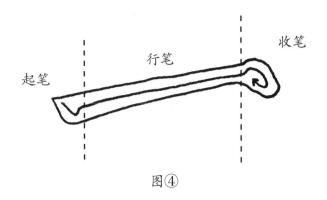

图④

转等不同处理技法方可写出不同形态的笔画。

藏锋：指笔画起笔和收笔处锋尖不外露，藏在笔画之内。

逆锋：指落笔时，先向与行笔相反的方向逆行，然后再往回行笔，有"欲右先左，欲下先上"之说。

露锋：指笔画中的笔锋外露。

中锋：指在行笔时笔锋始终是在笔道中间行走，而且锋尖的指向和笔画的走向相反。

侧锋：指笔画在起、行、收运笔过程中，笔锋在笔画一侧运行。但如果锋尖完全偏在笔画的边缘上，这叫"偏锋"，是一种病笔，不能使用。

转锋：指运笔过程中，笔锋方向渐渐改变，行笔的线路为圆转。

回锋：指在笔画收笔时，笔锋向相反的方向空收。

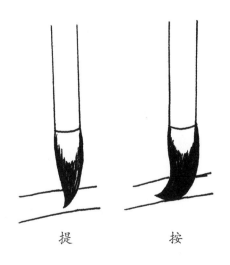

提　　　　　　　按

图⑤

第 3 章

点画笔法分析

第一节　基本点画的写法

1. 横法

逆锋起笔，折锋后向下稍顿，提笔中锋向右行笔，转锋上仰稍驻，提笔向右下稍按，提笔向左回锋收笔。点画中段有提按起伏。

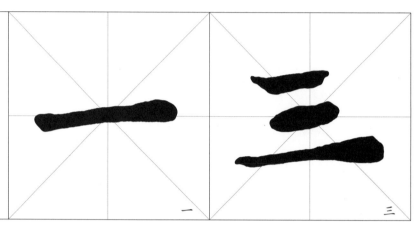

2. 竖法

逆锋起笔，折锋向右稍顿，调整笔锋，中锋向下行笔，边提边向下出锋收笔，或回锋收笔。挺拔劲健，力撑万钧。

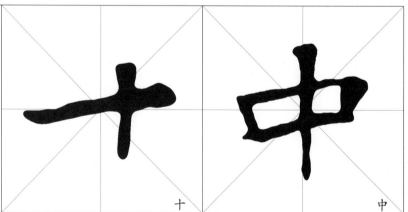

3. 撇法

逆锋起笔，折笔向右下稍顿，转锋向左下方边提边出锋收笔。如飞燕掠水，曲尽其妙。

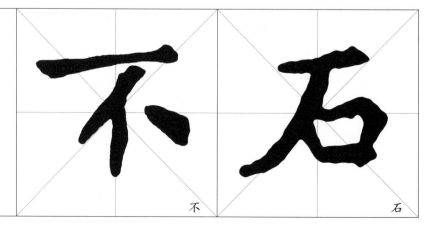

4. 捺法

顺锋或逆锋起笔，折锋向右下行，边行边按至捺脚顿笔，边提边出锋。或虚回暗收，不露圭角。

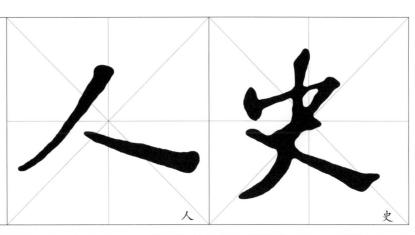

人　史

5. 点法

顺锋起笔，折锋向右下按笔，转锋向左上回收。

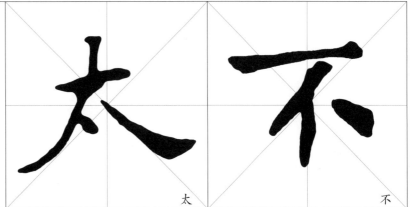

太　不

6. 挑法

藏锋或顺锋起笔，向右下按，转锋向右上行笔，边提边出锋收笔。锐且有力。

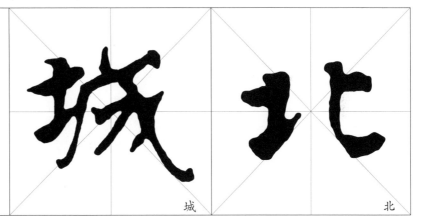

城　北

7. 钩法

钩是附在长画后面的笔画，方向变化较多。现以竖钩为例说明钩的写法。逆锋起笔，折锋右按，调整笔锋向下，中锋行笔，至钩处顿笔，稍驻蓄势，转笔向左钩出。

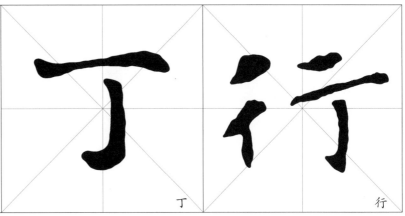

丁　行

8.折法

折是改变笔法走向的笔画,如横折、竖折、撇折等,现以横折为例说明其写法。起笔同横,行笔至转向处顿笔折锋,提笔中锋下行,回锋收笔。可用圆转或方折的方法变向。

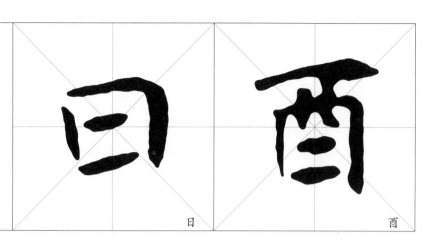

日　　酉

第二节　基本点画的形态变化

一、横的变化

1.长横

逆锋向左上角起笔,转笔向右下作顿,提笔中锋铺毫右行,至尾处提笔向右上昂,按笔向右下,向左回锋收笔。

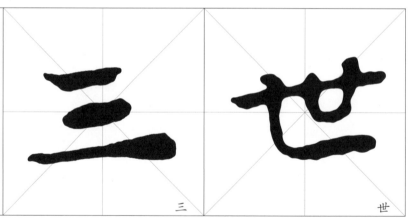

三　　世

2.短横

短横写法与长横基本相同,只是短些。

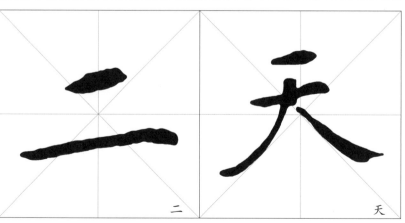

二　　天

3. 左尖横

　　顺锋起笔，提笔右行，至尽处折锋向右下，向左回锋收笔。入笔要快速有力。

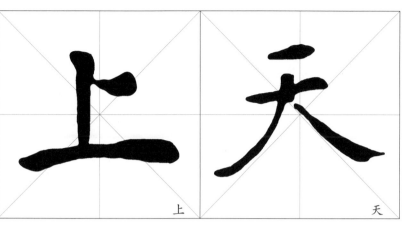

上　天

4. 圆头横

　　逆锋起笔，向左下稍顿，转锋提笔右行，收笔和长横相同。

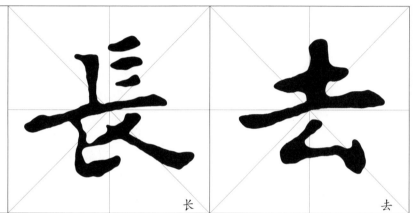

长　去

二、竖的变化

1. 悬针竖

　　逆锋起笔，折锋右顿，调整笔锋向下，中锋行笔，边提边向下出锋收笔。

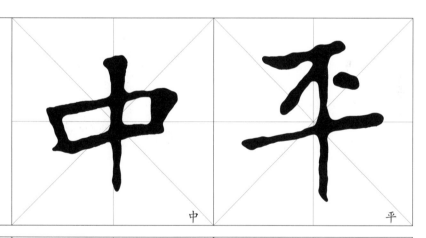

中　平

2. 垂露竖

　　起笔和中间运笔同悬针竖写法，只是收笔须稍顿，提笔转锋向左上回收。收笔处较圆润，如露珠挂叶，故叫垂露。

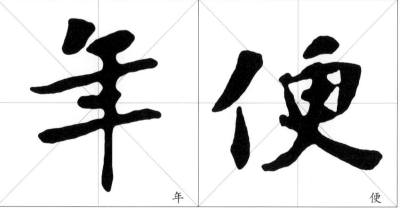

年　便

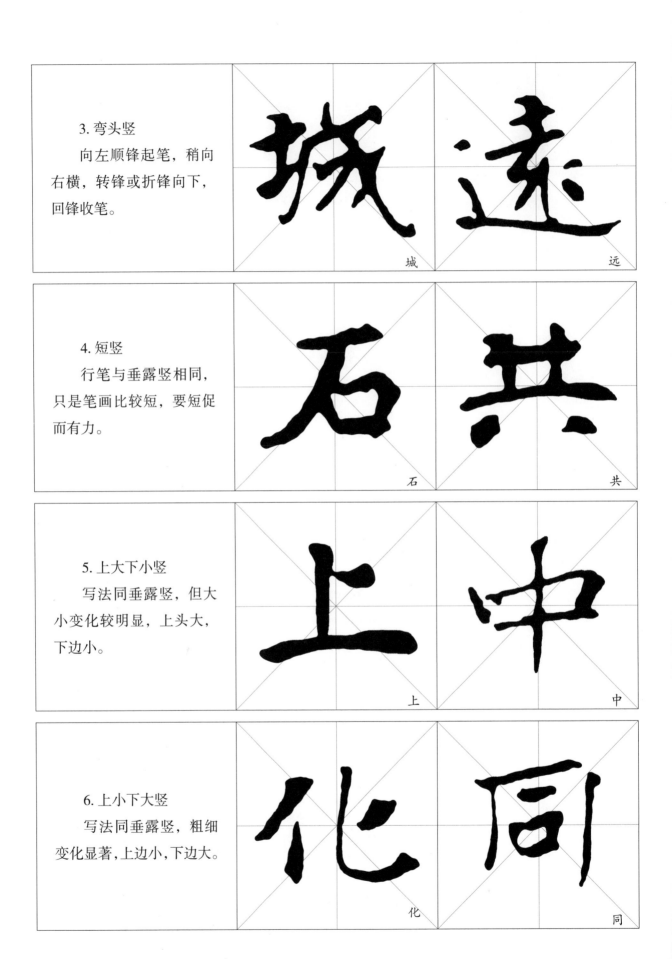

3. 弯头竖

向左顺锋起笔，稍向右横，转锋或折锋向下，回锋收笔。

城

远

4. 短竖

行笔与垂露竖相同，只是笔画比较短，要短促而有力。

石

共

5. 上大下小竖

写法同垂露竖，但大小变化较明显，上头大，下边小。

上

中

6. 上小下大竖

写法同垂露竖，粗细变化显著，上边小，下边大。

化

同

7.左突竖 写法同垂露竖，只是中间向左边微突出。	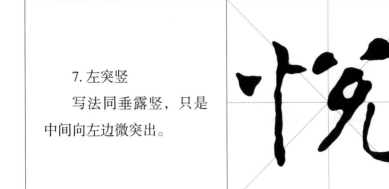

三、撇的变化

1.长撇 逆锋起笔，折锋向右下顿笔，转锋向左下边行笔，提笔和运笔稍慢，收笔出锋稍快，力送到尾，忌漂浮。	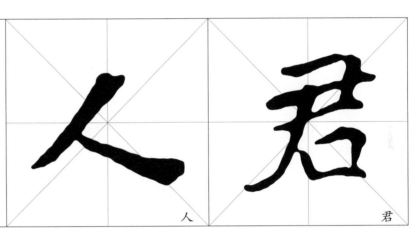
2.短撇 写法和长撇基本相同，只是笔画较短。	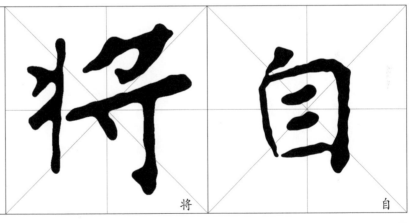
3.竖撇 前面部分稍竖，后面才向左下撇出。	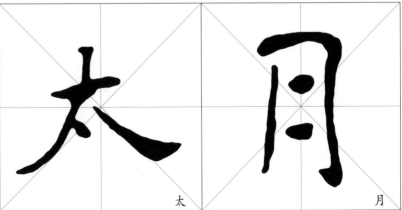

4.平撇

用笔方法同长撇，只是角度较平，笔画较短。起笔厚重，笔力到锋尖。

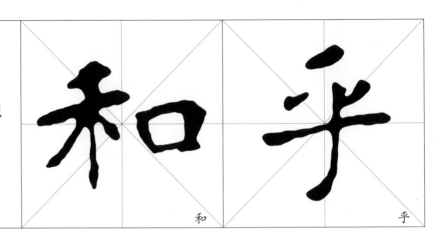

和　　　平

四、捺的变化

1.长捺

逆锋或顺锋起笔，向右下行笔，边行边按，至捺脚顿笔，提笔调锋向右边偏上处出锋收笔。

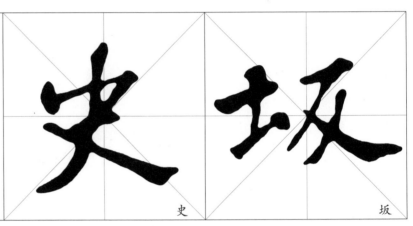

史　　　坂

2.平捺

逆锋起笔，折锋向右下行笔，边行边按，至捺脚顿笔蓄势，调锋向右上，边提边出锋。整个笔画呈S形，像水波浪似的一波三折。收笔虚回。

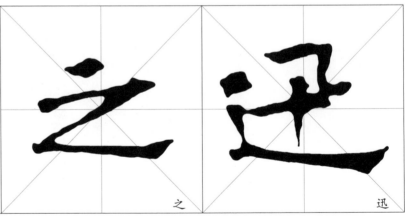

之　　　迅

3.反捺

顺锋起笔，边行边按，至尽处向右下顿笔，回锋向左上收笔，稳重有力。

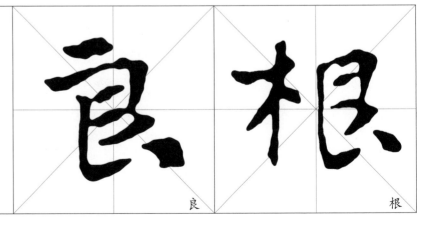

良　　　根

五、点的变化

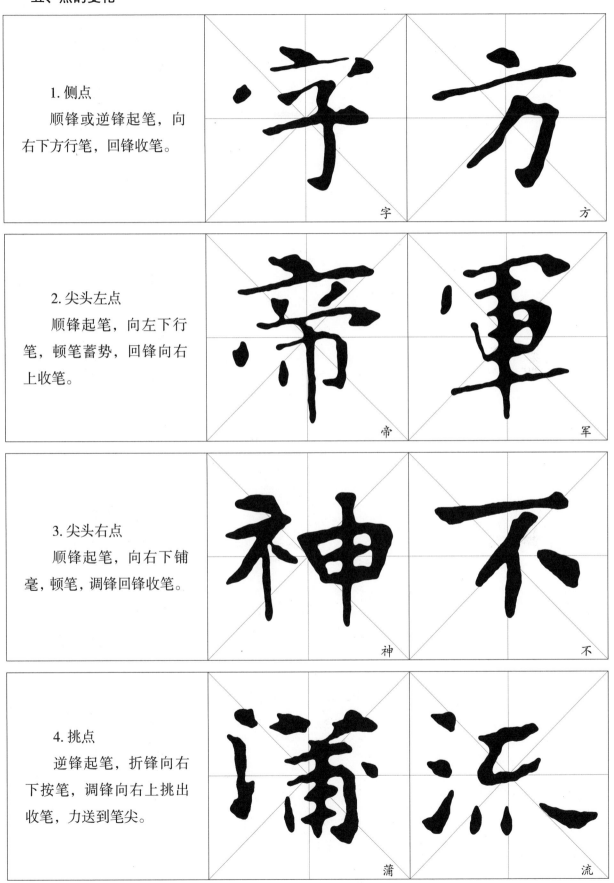

1. 侧点
　　顺锋或逆锋起笔，向右下方行笔，回锋收笔。

字　　　方

2. 尖头左点
　　顺锋起笔，向左下行笔，顿笔蓄势，回锋向右上收笔。

帝　　　军

3. 尖头右点
　　顺锋起笔，向右下铺毫，顿笔，调锋回锋收笔。

神　　　不

4. 挑点
　　逆锋起笔，折锋向右下按笔，调锋向右上挑出收笔，力送到笔尖。

蒲　　　流

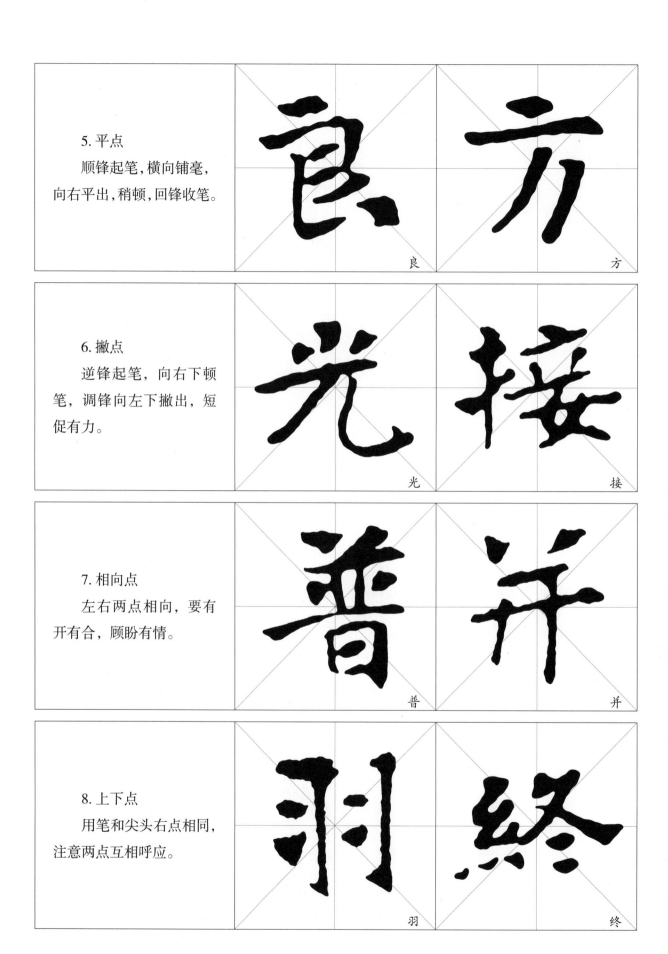

5. 平点

顺锋起笔,横向铺毫,向右平出,稍顿,回锋收笔。

良

方

6. 撇点

逆锋起笔,向右下顿笔,调锋向左下撇出,短促有力。

光

接

7. 相向点

左右两点相向,要有开有合,顾盼有情。

普

并

8. 上下点

用笔和尖头右点相同,注意两点互相呼应。

羽

终

9. 相背点

两点的走向相背离，但又有呼应，背中有顾盼。

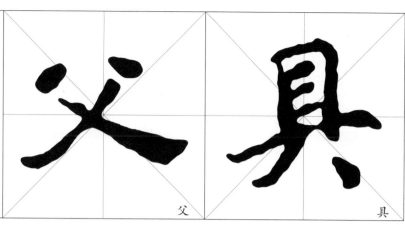

父

具

10. 横三点

第一点向左，第三点向右，三点呈上斜之势。

11. 两对点

左右相对，上下呼应。

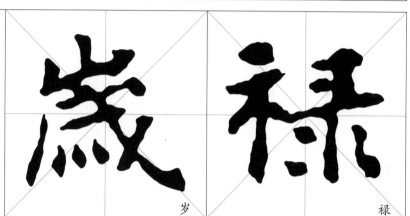

岁

禄

六、钩的变化

1. 横钩

露锋或逆锋起笔，同横画的写法，至钩处提笔向右下作顿，稍驻蓄势，调锋向左下钩出。

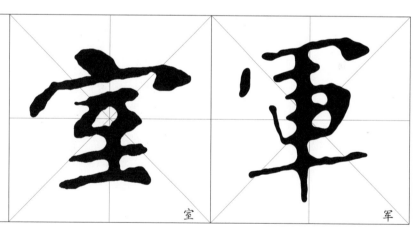

室

军

2. 竖钩

起笔同竖，至钩处作围，调锋向左上蓄势钩出。或先向左平推然后钩出。

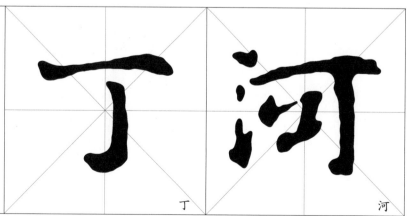

丁

河

3. 横折钩

起笔同横，至折处稍顿，转锋向下行，至钩处调锋蓄势向左上钩出。

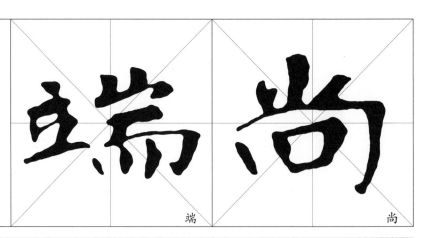

端

尚

4. 斜钩

顺锋或逆锋起笔，折锋向右按笔，提笔转锋向右下行笔，行笔线路婀娜多姿、凹凸有致。至钩处稍顿蓄势，调锋向上钩出。

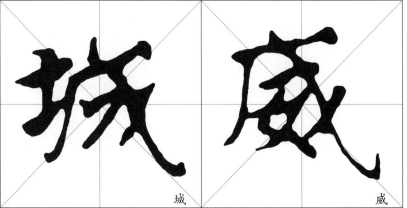

城

威

5. 卧钩

顺锋起笔，向右下行笔，边行边按，略带弧势，至钩处稍驻蓄势向中心钩出。

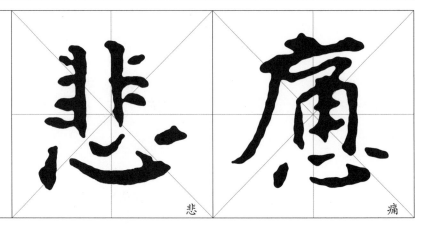

悲

痛

6. 耳钩

顺锋起笔，向右上行笔，至折处向右下顿笔，调锋向左下行笔，边提边行，至折处调锋向左上钩出。

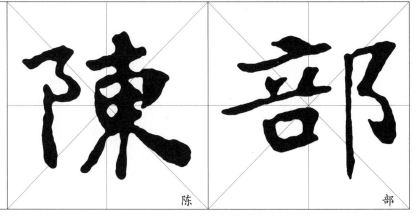

陈

部

7. 弯钩

顺锋起笔，向下稍作弧势运笔，稍向右突出，边按边行，至钩处调锋钩出。

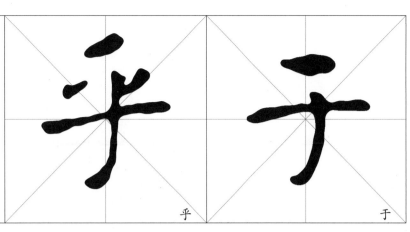

乎　　于

8. 横折斜钩 / 横折弯钩

起笔同横，至折处稍提顿笔，折锋向右下行笔，呈弧势，至钩处稍驻蓄势向上钩出。

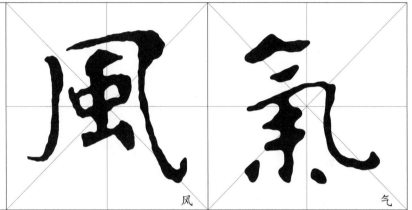

风　　气

七、挑的变化

1. 斜挑

逆锋起笔，调锋向右上边行边提，收笔快，锐而有力。

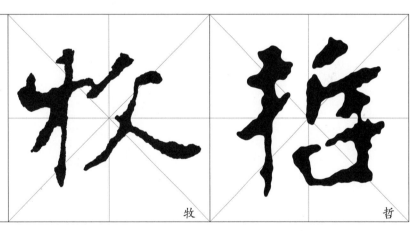

牧　　哲

2. 长挑

笔法与斜挑同，只是笔道稍长，笔力送到锋尖，笔画长而上扬。

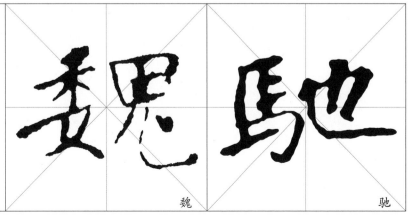

魏　　驰

3. 竖挑

起笔同竖，至挑处稍向左下按笔，调锋向右上挑出，收笔急促而有力。

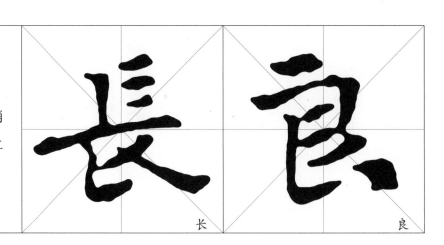

长

良

八、折的变化

1. 横折

起笔同横，至折处稍驻，顿笔，调锋向下行笔，转角变向或方折或圆转，不要耸肩。

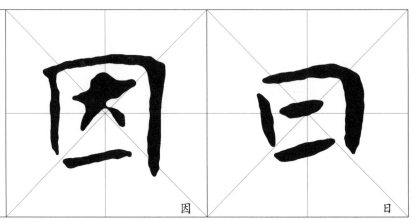

因

日

2. 竖折

起笔同竖，至折处稍向左下作调锋转向，提笔调锋向右行笔，转角变向或圆转或方折。

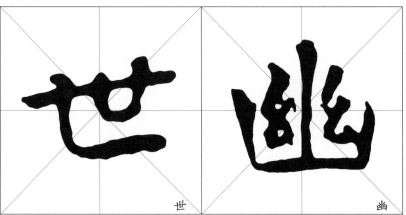

世

幽

3. 撇点

逆锋起笔，顿笔调锋向左下边行边提，至折处边按边向右下行笔，作反捺回锋收笔。

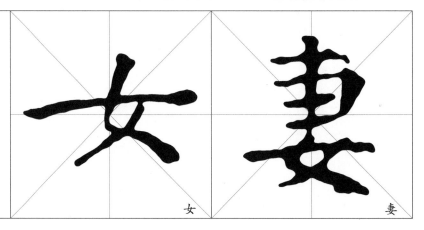

女

妻

4.撇折

　　起笔同撇，至折处按笔向右平挑而出。夹角较小。

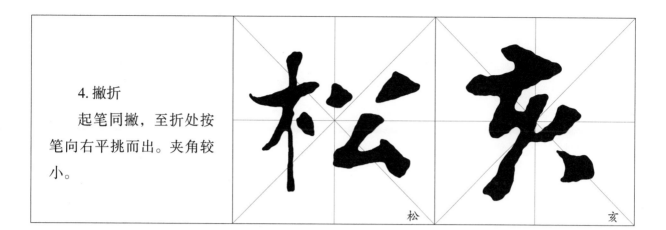

松

亥

第三节　基本点画的组合变化

一、横与横的组合变化

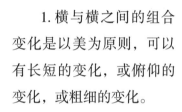1. 横与横之间的组合变化是以美为原则，可以有长短的变化，或俯仰的变化，或粗细的变化。

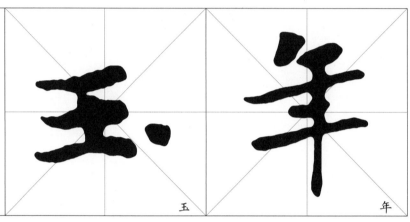

2. 举一反三，我们列出一些例字，让读者观察它们的横画有何变化。

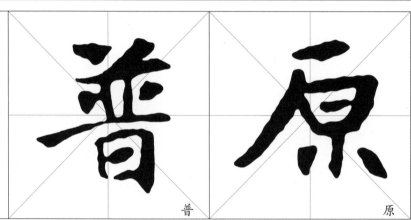

二、竖与竖的组合变化

1. 或粗或细。

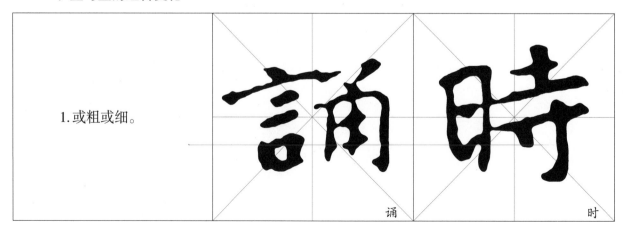

2. 左短右长。

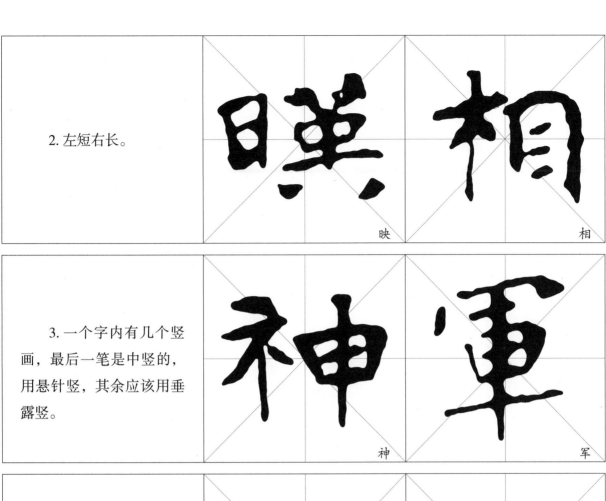

映　　　相

3. 一个字内有几个竖画，最后一笔是中竖的，用悬针竖，其余应该用垂露竖。

神　　　军

4. 一个字内有几个竖画，竖画之间要互有变化，互相呼应。或是长短的变化，或是曲直的变化，或是粗细的变化。

谢　　　端

三、撇与撇的组合变化

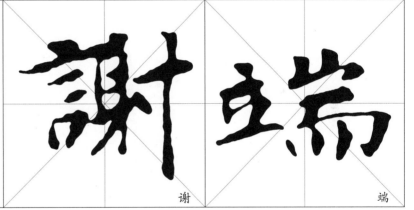

1. 长短变化。

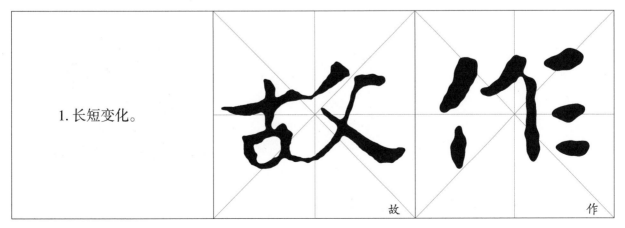

故　　　作

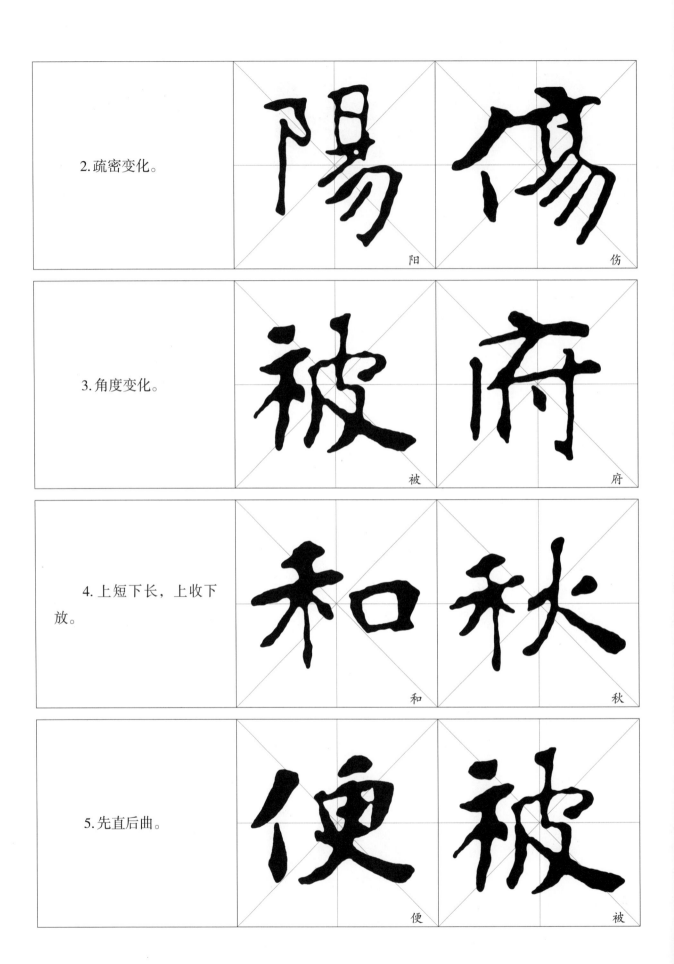

2.疏密变化。	陽 阳	傷 伤
3.角度变化。	被 被	府 府
4.上短下长，上收下放。	和 和	秋 秋
5.先直后曲。	便 便	被 被

6. 一个字有几个撇，要注意它们的长短、粗细、曲直和角度的变化。

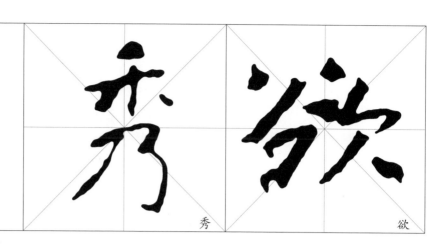

四、捺与捺的组合变化及特征

一个字只应有一捺作为主要笔画，如有两个或两个以上的捺，有的要改为长点（反捺）。

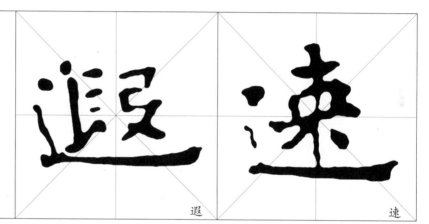

五、点的组合变化及特征

点的笔画虽小，但也不能小看它，点写好，有画龙点睛之妙，点写不好，则有佛头着粪之嫌，一粒老鼠屎弄坏一锅汤。点的变化主要是大小、轻重、粗细、快慢、顺逆、向背和角度的变化，仔细观察下列各字各点的位置和变化。

1. 点在上面。

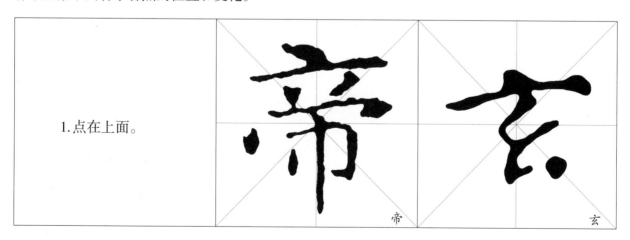

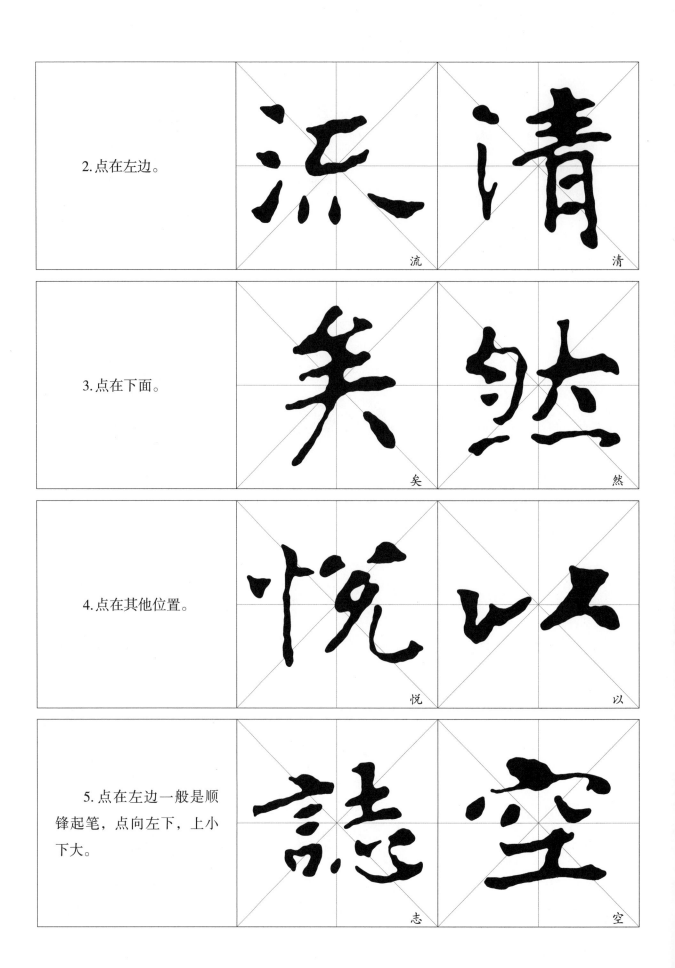

2. 点在左边。

流

清

3. 点在下面。

矣

然

4. 点在其他位置。

悦

以

5. 点在左边一般是顺锋起笔，点向左下，上小下大。

志

空

6. 左右有点，左小右大，左低右高。

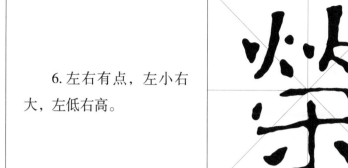

荣　　　光

六、钩与钩的组合变化

1. 一个字上下有钩时，上钩宜短，下钩宜长。

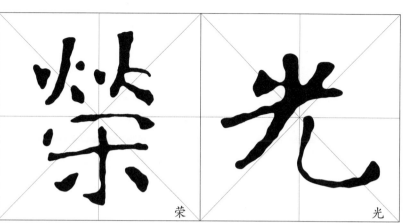

城　　　帝

2. 左右有钩时，左边的钩较小，右边的钩较大，反之同理，以求变化。

3. 当左右两边都有钩时，应避免对称，以求生动。

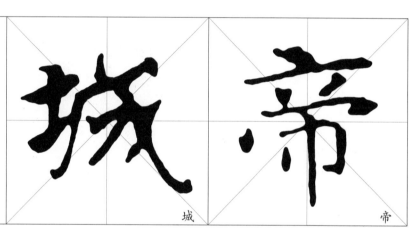

羽　　　谢

4. 当一个字出现两个或两个以上的钩时，要注意区别各个钩的角度和粗细，力求变化。

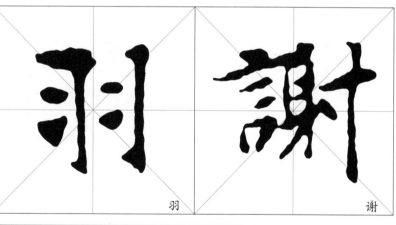

痈　　　感

第四节　复合点画

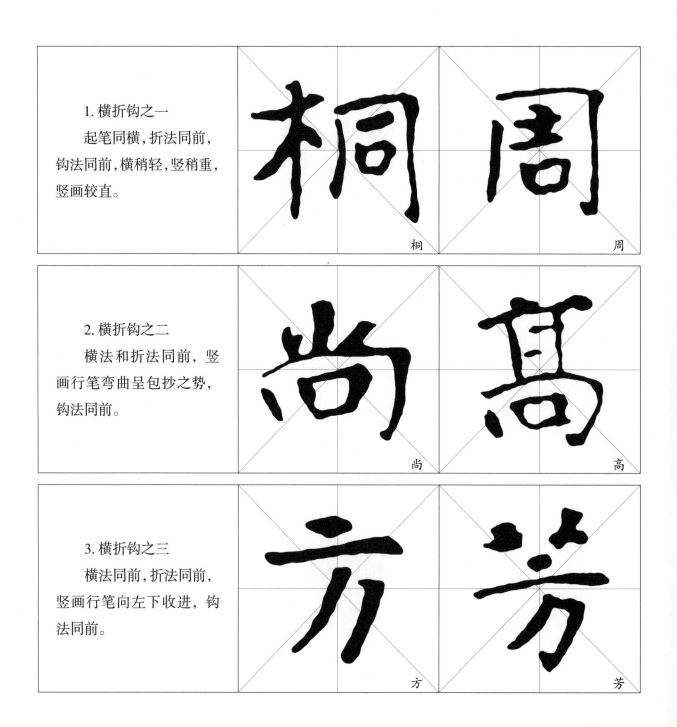

1. 横折钩之一
起笔同横,折法同前,
钩法同前,横稍轻,竖稍重,
竖画较直。

桐

周

2. 横折钩之二
横法和折法同前,竖
画行笔弯曲呈包抄之势,
钩法同前。

尚

高

3. 横折钩之三
横法同前,折法同前,
竖画行笔向左下收进,钩
法同前。

方

芳

4.横折弯钩 / 横折斜钩

横折法同前，过拐弯处提笔，至钩处稍驻蓄势向上钩出。过拐弯时或用圆转或用方折变向。

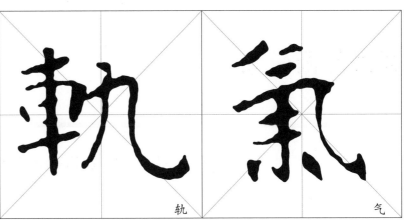

轨　气

5.横撇

横法同前，折处稍驻蓄势，调锋向左下撇出。笔力送至笔尖。

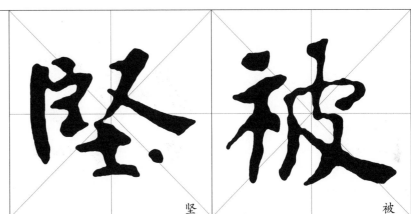

坚　被

6.横折折撇

由两个横折撇组合而成，注意两者有大小、轻重的变化。

7.横折折折钩

横、折、钩同前。

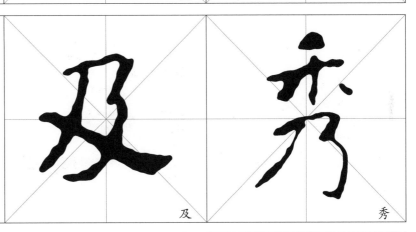

及　秀

8.竖折折钩

起笔同竖，折、钩同前。过转折处或用圆转或用方折变向。

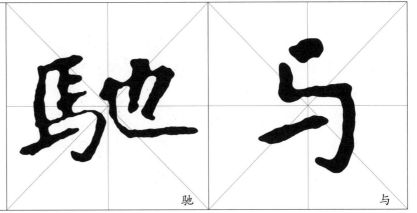

驰　与

第 4 章

偏旁部首分析

第一节 左偏旁的变化

1. 单人旁

　　短撇斜向左下，竖画对应撇的左下部起笔，用垂露竖。

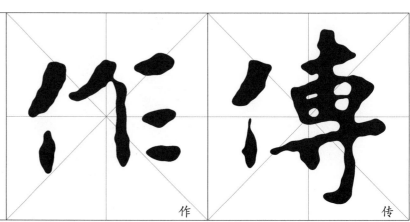

作　　传

2. 双人旁

　　首撇稍短，次撇对应首撇中部起笔，竖画从次撇中部起笔，回锋收笔。

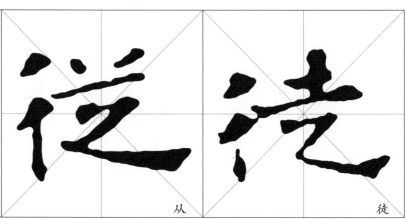

从　　徒

3. 提手旁

　　横略斜向上，竖穿过横的右部，挑与竖的交叉点离横画较近。

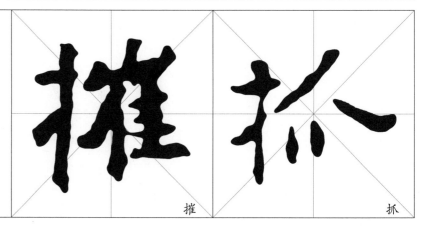

摧　　抓

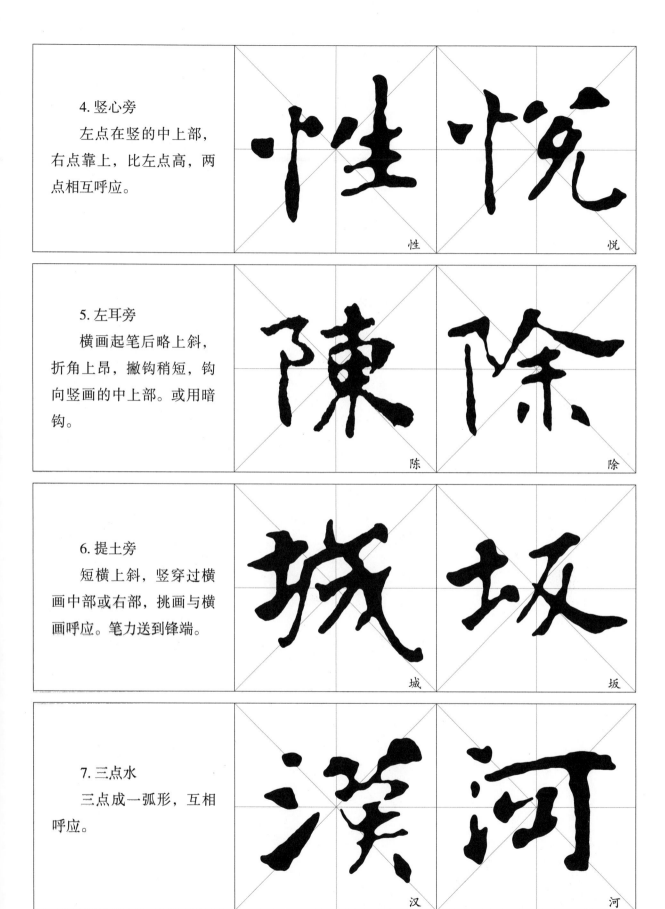

4. 竖心旁

左点在竖的中上部，右点靠上，比左点高，两点相互呼应。

性

悦

5. 左耳旁

横画起笔后略上斜，折角上昂，撇钩稍短，钩向竖画的中上部。或用暗钩。

陈

除

6. 提土旁

短横上斜，竖穿过横画中部或右部，挑画与横画呼应。笔力送到锋端。

城

坂

7. 三点水

三点成一弧形，互相呼应。

汉

河

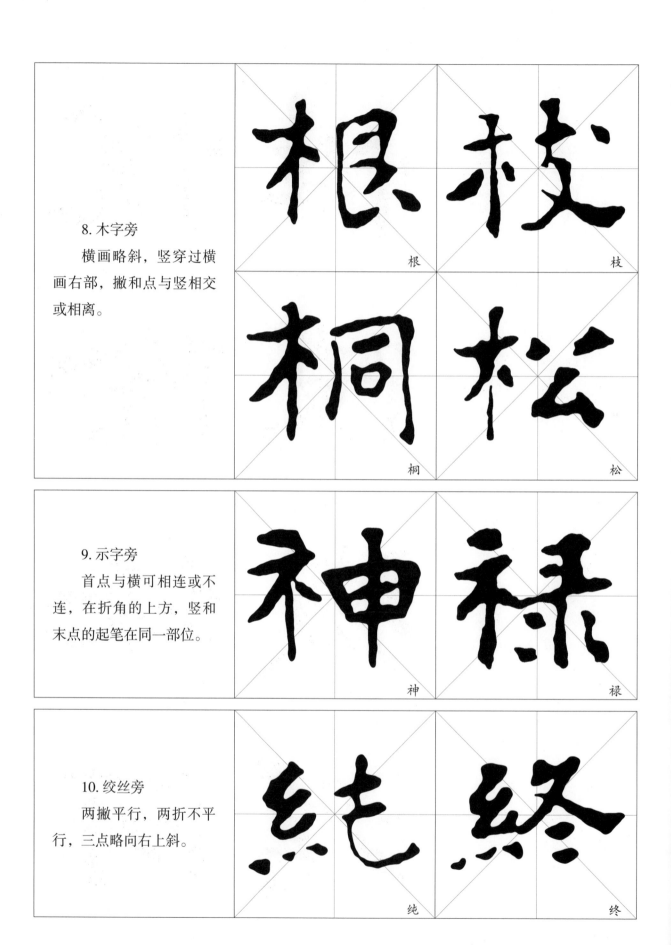

8. 木字旁

横画略斜，竖穿过横画右部，撇和点与竖相交或相离。

根

枝

桐

松

9. 示字旁

首点与横可相连或不连，在折角的上方，竖和末点的起笔在同一部位。

神

禄

10. 绞丝旁

两撇平行，两折不平行，三点略向右上斜。

纯

终

11. 金字旁

撤长点短，第一横较短，第二、第三横斜向上和右边呼应。

12. 火字旁

两点左低右高，撤是竖撤。

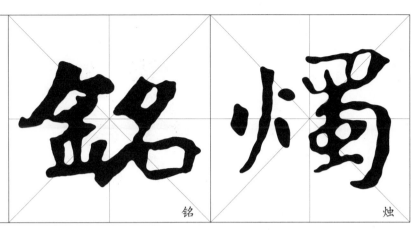

铭 烛

13. 将字旁

左两点偏上。

14. 米字旁

左右两点左低右高，横画斜向上，竖穿过横画右部，撤、点搭在竖上，点不超横。

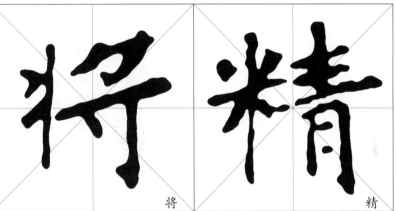

将 精

15. 禾字旁

首撤宜平，竖穿过横画的右部，撤、点与竖相交。

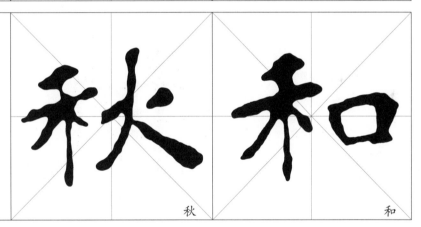

秋 和

16. 日字旁

横重竖轻，三横的距离相等，方框窄长。

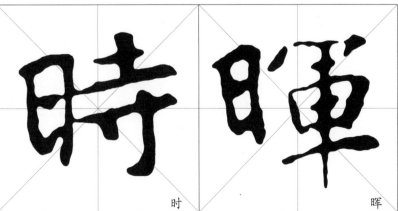

时 晖

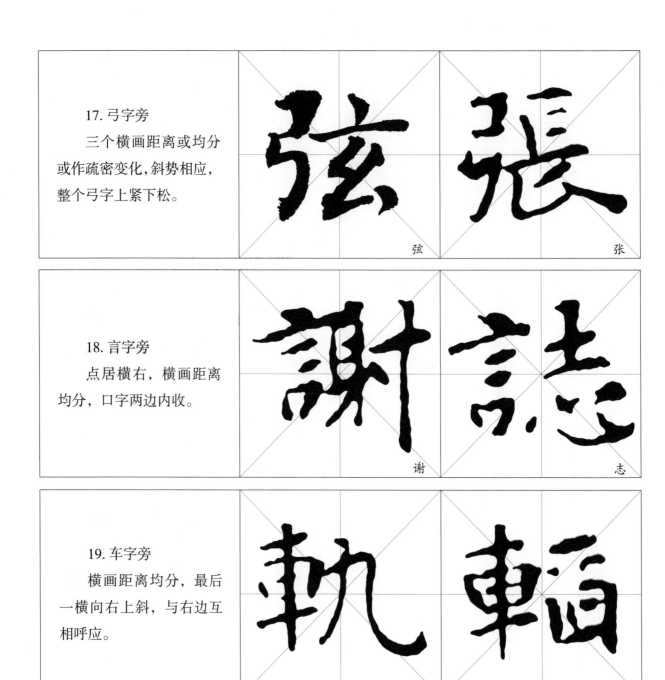

17. 弓字旁

　　三个横画距离或均分或作疏密变化，斜势相应，整个弓字上紧下松。

弦　　　张

18. 言字旁

　　点居横右，横画距离均分，口字两边内收。

谢　　　志

19. 车字旁

　　横画距离均分，最后一横向右上斜，与右边互相呼应。

轨　　　辐

第二节 右偏旁的变化

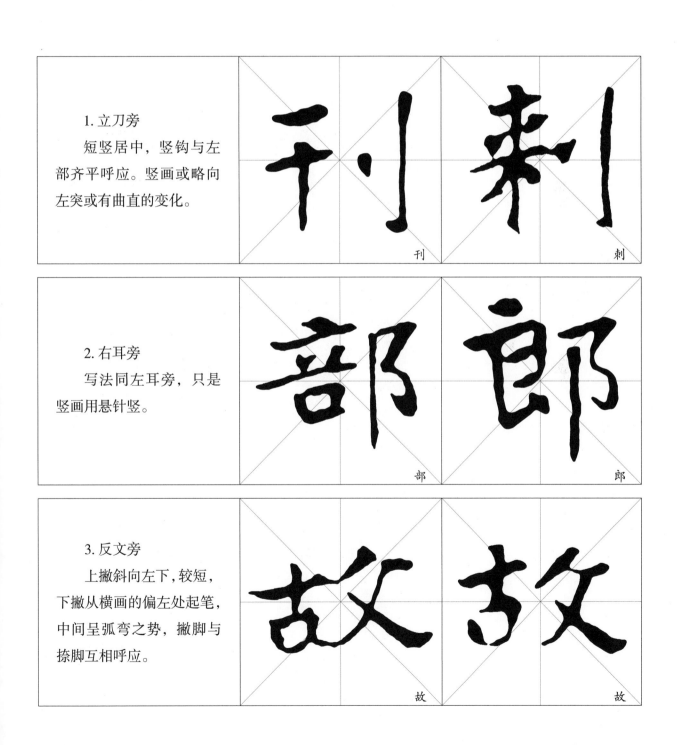

1. 立刀旁

短竖居中，竖钩与左部齐平呼应。竖画或略向左突或有曲直的变化。

刊　刺

2. 右耳旁

写法同左耳旁，只是竖画用悬针竖。

部　郎

3. 反文旁

上撇斜向左下，较短，下撇从横画的偏左处起笔，中间呈弧弯之势，撇脚与捺脚互相呼应。

故　故

4. 斤字旁

首撇较短，竖撇较长，横画从竖撇中部起笔，竖画从横画中部起笔。或将次撇加以变化，竖画回钩。

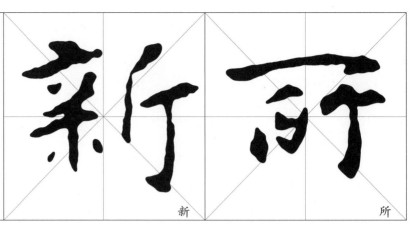

新　所

5. 欠字旁

首撇短而斜，横钩较短小，次撇稍长，最后一笔可用捺，也可用反捺，撇、捺两脚齐平相呼应。

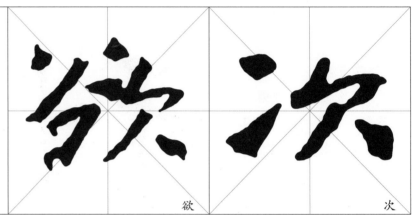

欲　次

6. 隹字旁

撇斜向左下，左竖超出第四横，点与撇互相呼应，四横距离均分。

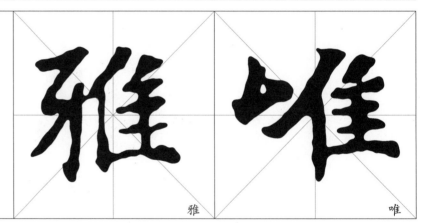

雅　唯

7. 戈字旁

横画斜度较大，斜钩向右下伸长，撇补下空，点补上空。

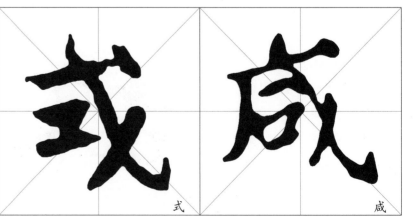

或　咸

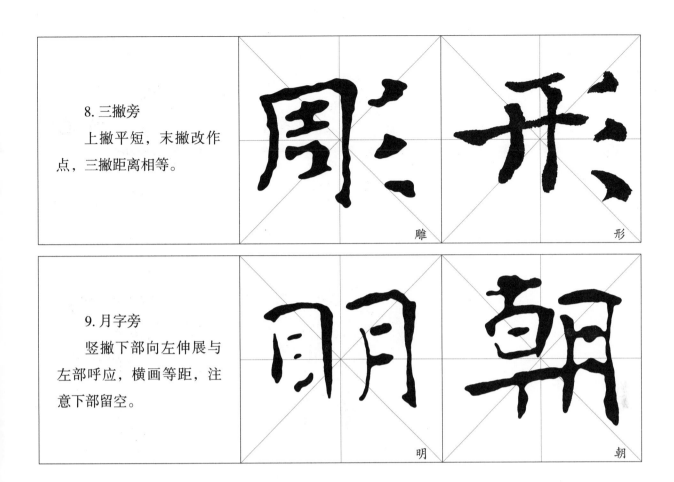

8. 三撇旁

上撇平短，末撇改作点，三撇距离相等。

雕

形

9. 月字旁

竖撇下部向左伸展与左部呼应，横画等距，注意下部留空。

明

朝

第三节　字头的变化

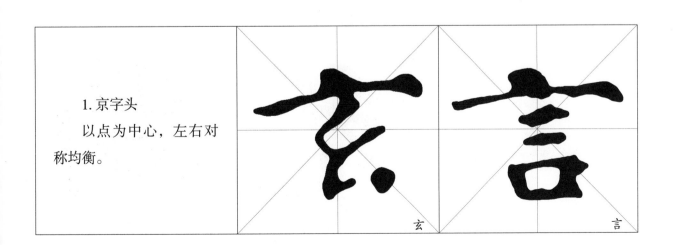

1. 京字头

以点为中心，左右对称均衡。

玄

言

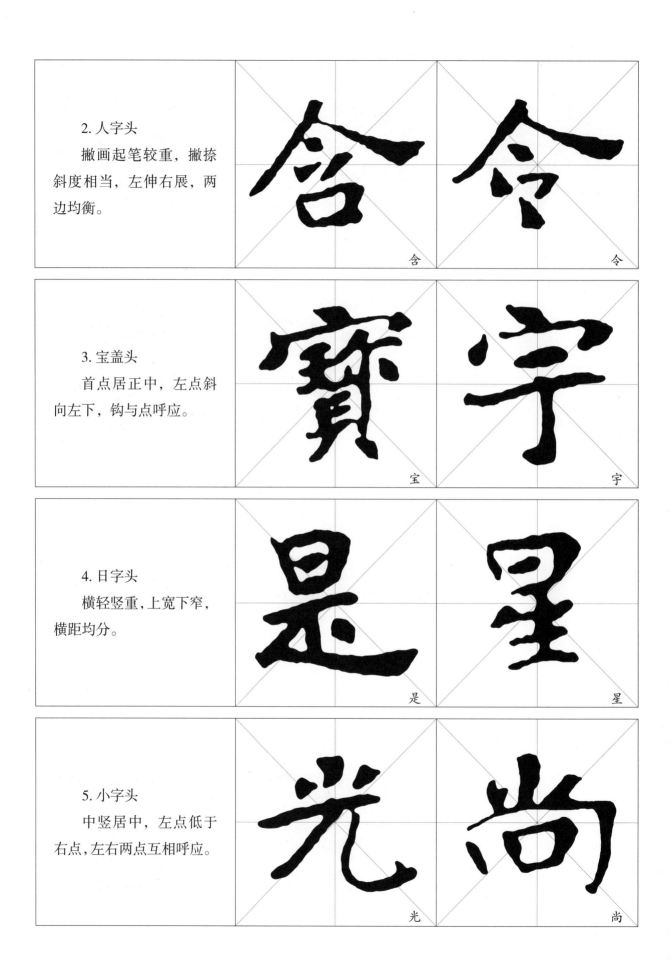

2. 人字头
　　撇画起笔较重，撇捺斜度相当，左伸右展，两边均衡。

含　　令

3. 宝盖头
　　首点居正中，左点斜向左下，钩与点呼应。

宝　　宇

4. 日字头
　　横轻竖重，上宽下窄，横距均分。

是　　星

5. 小字头
　　中竖居中，左点低于右点，左右两点互相呼应。

光　　尚

6. 草字头

两个短横把竖画分成上长下短，两竖向内收。左横略短，左竖稍轻。

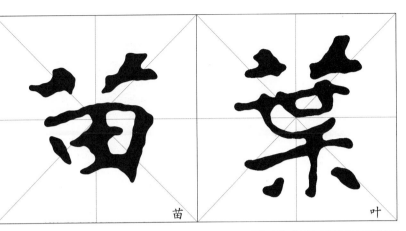

苗　叶

7. 广字头

点居中，横画略斜，撇从横画头部起笔，直伸左下角。或改作竖画自上而下，一柱擎天。

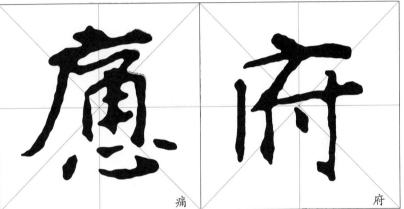

痛　府

8. 春字头

横画略斜，三横间距相等，三横不要太长，让撇捺伸长做主笔，撇捺左右伸展，相互呼应。

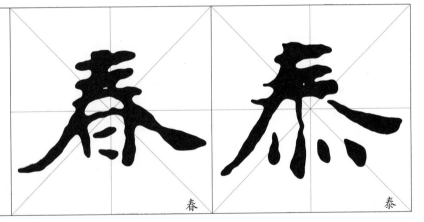

春　泰

9. 禾字头

首撇平而短，横略上斜，撇捺互相呼应，斜度相等，或将捺变作点。

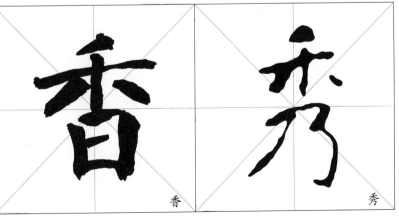

香　秀

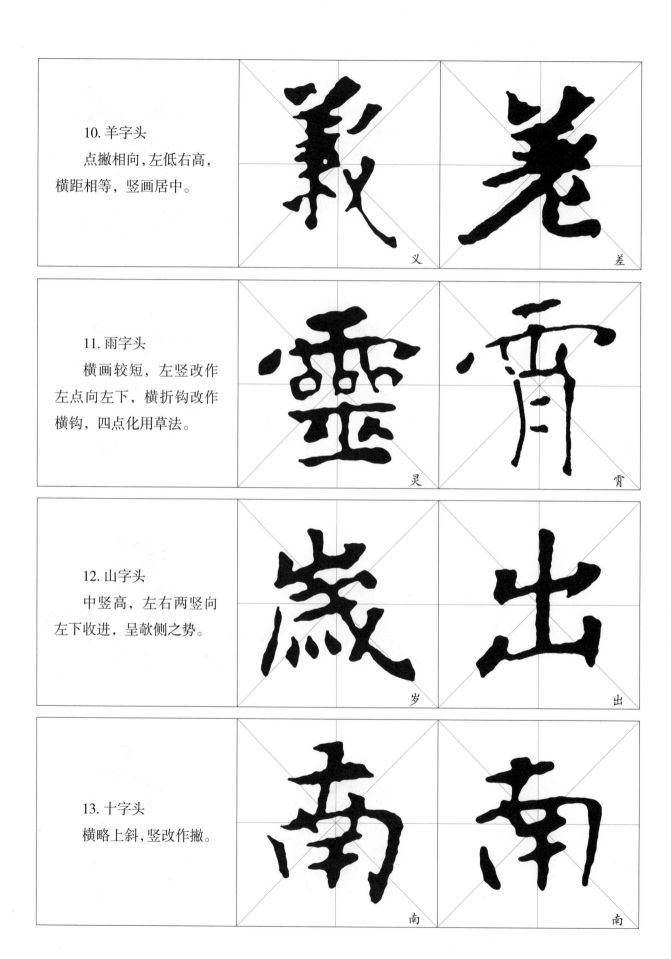

10.羊字头

点撇相向，左低右高，横距相等，竖画居中。

义　　差

11.雨字头

横画较短，左竖改作左点向左下，横折钩改作横钩，四点化用草法。

灵　　霄

12.山字头

中竖高，左右两竖向左下收进，呈欹侧之势。

岁　　出

13.十字头

横略上斜，竖改作撇。

南　　南

第四节　字底的变化

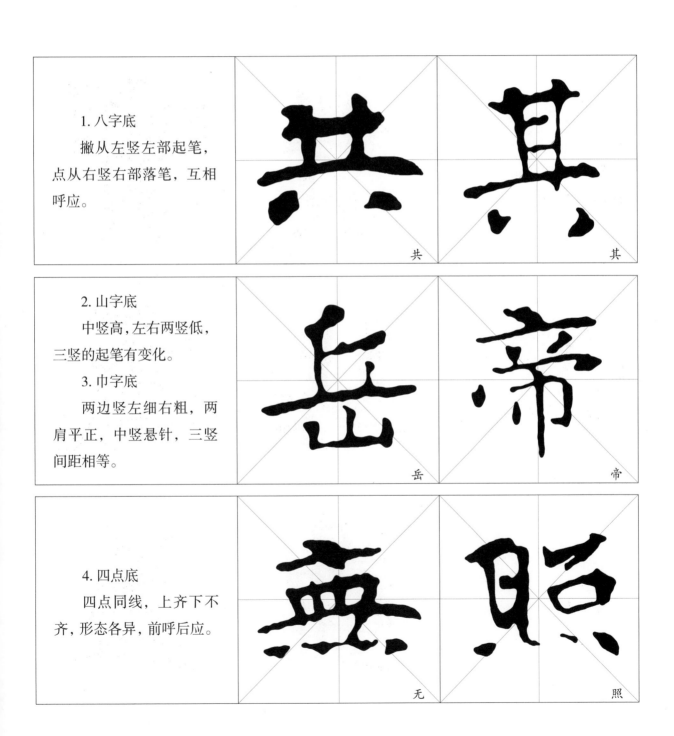

1. 八字底
撇从左竖左部起笔，点从右竖右部落笔，互相呼应。

2. 山字底
中竖高，左右两竖低，三竖的起笔有变化。

3. 巾字底
两边竖左细右粗，两肩平正，中竖悬针，三竖间距相等。

4. 四点底
四点同线，上齐下不齐，形态各异，前呼后应。

共

其

岳

帝

无

照

5. 土字底

上横宜短而斜，下横宜长而平，或变为下横短补点。

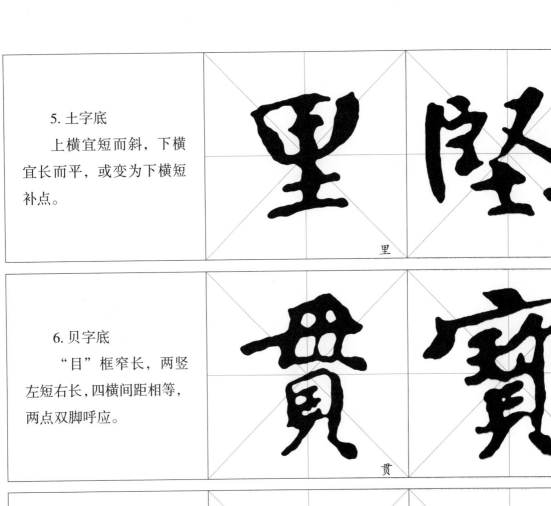

里

坚

6. 贝字底

"目"框窄长，两竖左短右长，四横间距相等，两点双脚呼应。

贯

宝

7. 心字底

左点顺锋起笔，卧钩钩向中心，挑点与右点互相呼应，或连作一笔。

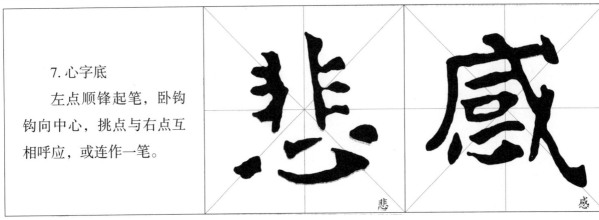

悲

感

8. 皿字底

两肩平正，两侧内收，斜度相等，空当均匀，长横托底，左伸右缩。

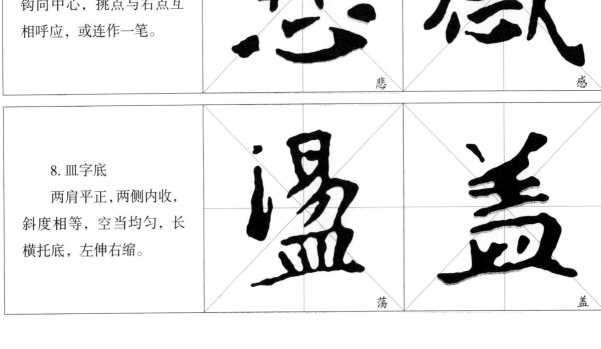

荡

盖

9. 走之底
　　点居折上，横折折撇
用草法，平捺左轻右重。

10. 木字底
　　横画长则撇捺改作点，
两点互相呼应。横画短则
撇捺伸展做主笔。

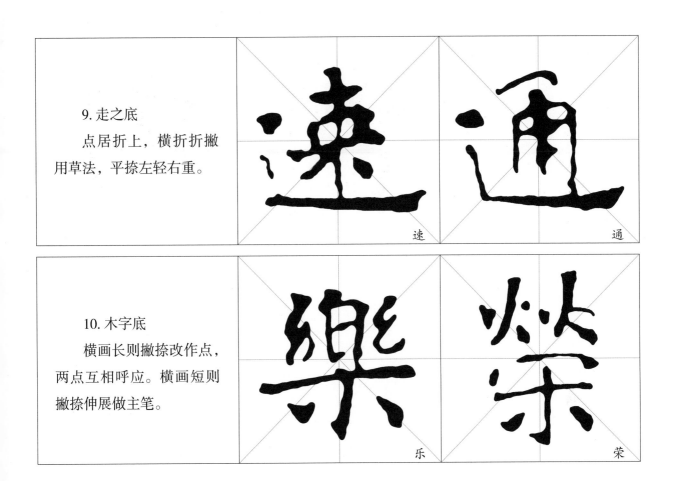

第五节　字框的变化

1. 同字框
　　内心靠上，上实下虚。

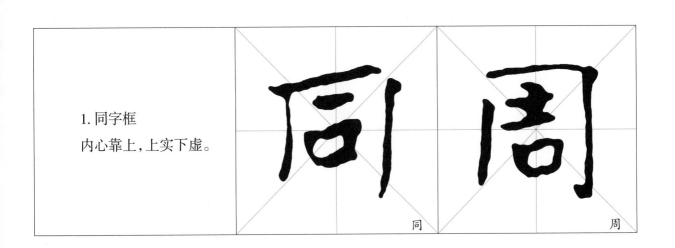

2.门字框

　　横画之间距离相等，竖画之间注意轻重粗细的变化，下部适当留空透气。

3.国字框

　　四角饱满，竖画左细右粗，左短右长，以求变化。

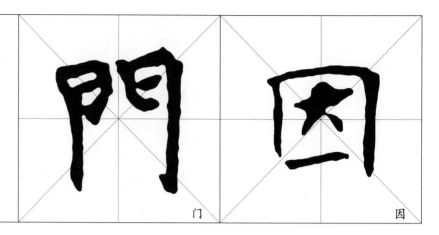

门　　　　因

第 5 章

结构分析

方块汉字从结构上可分为独体字和合体字两大类；从笔画多少来看，少则一画，多则三十几画；从形状来看，几乎所有的几何图形都有。不论是独体字，还是合体字，不管形状怎么样，笔画多少，结构繁简，一个字的各组成部分，都得容纳在同一方格内，因此，就有如何结构的问题。

历代的书法家对结构的研究做了许多努力，如欧阳询三十六法、李淳八十四法、黄自元九十二法。这些研究有合理可取之处，如黄自元九十二法的前面八十二种结构法可取，但他的第八十三法到第九十二法就不可取了。比如第九十法讲单人旁"单人旁字准此"，即单人旁的字照这样子写，其他也都用"准此"来搪塞，他是讲不出所以然来了。这些结构法还有一个明显的缺陷，那就是"只见树木，不见森林"，没能从根本上、从整体上去讲明汉字结构的关系。

要讲清楚根本关系，我们可以借鉴中华文化的经典著作《易经》和"太极图"来帮助理解。

《易经》说："太极生两仪，两仪生四象，四象生八卦。"《易经》的核心是运用一分为二、对立统一的宇宙观和辩证法来揭示宇宙间事物发展和变化的自然规律。它的内容非常丰富，对中国文化和世界科学有着重大而深远的影响。

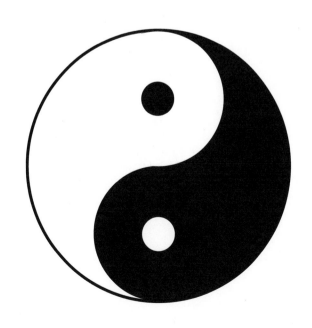

例如中医把人看作一个"太极"、一个整体，这个"太极"的两仪、阴阳要平衡，不平衡人就会生病。

回到书法上，我们把这个图看作一个字的整体，一个空间、一个方块，两仪就是黑与白、柔与刚、方与圆、逆和顺、藏和露、曲和直、粗和细……总而言之，即矛与盾。中间的 S 形线表明阴阳可以变化，并且这种变化不是突变而是渐进的。"四象"即东南西北四个方位；"八卦"即"四象"再加上东南、西南、东北和西北四个方位成为八个方位，把这八个方位按不同的方法连起来，就有了田字格、米字格、九宫格，传统的练字方法不就是从这里来的吗？

在这个空间里，即在这个方格里写上笔画，这是黑，即是阴；没有写上笔画的地方，就是白，即是阳。根据太极图整体平衡的原理，黑白之间一定要疏密得当，和谐均衡，即每个字不管笔画多少、结构繁简，都容纳在同一方块之中，看上去没有过疏或过密的感觉。绘画上也有"知白守黑，计白当黑"的说法，其实这也是汉字结构的总原则。把握了这个原则，你就掌握了汉字结构和章法的真谛，你讲多少法就多少法，只要不违背这个原则就可以了。如果不把握这个原则，讲九十二法讲不清，再讲九万二十法也讲不清。为了记忆方便，我们可把它叫作"太极书法"。

用"太极书法"不仅可以分析结构，也可以分析章法（后面我们再讲）。

下面我们从结构形式、结构比例和结构布势三方面进一步论述。

第一节　结构形式

字的结构形式可分为独体字和合体字。

一、独体字

独体字是由基本笔画和复合笔画组成的不能再分开的字。它的形态多种多样，有正的，有斜的，有扁平的，也有瘦长的。书写独体字，可根据前述的"太极书法"来写，注意要重心平稳，疏密均衡。为了临习方便，下面介绍写法要点。

"三"字写法要点：三横呈宝塔形的稳定结构，横画之间距离相等，三横的起笔要有变化。

"也"字写法要点：第一笔横折斜度要大，三个竖画距离均匀，竖弯钩要回抱而不能松散。

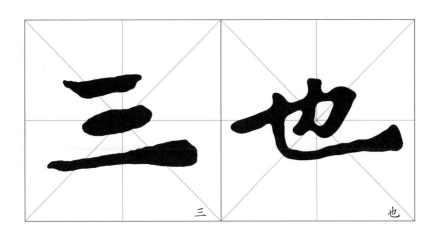

三　　也

"不"字写法要点：

横竖构成一个稳定的T字形，撇从横画的三分之二处而不是二分之一处起笔，撇尾和右点的斜度平衡。

"之"字写法要点：首点居中，横撇分成挑画和撇，写得夹角较小，最后一平捺托住上面的笔画，一波三折而过。

"女"字写法要点：逆锋起笔，撇点的夹角为略大于90度的钝角，回锋收笔。第二笔撇画与第一笔的交点对应第一笔的起笔处，两脚齐平，第三笔横画起笔宜低，分割出的中间的空白不能太大。

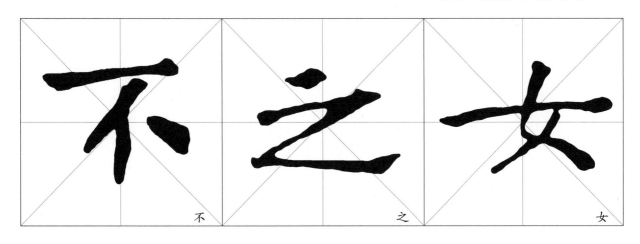

不　　之　　女

下面介绍几个斜体字，特别要注意重心平稳，斜中求正。

"为"字写法要点：起点的点左稍低，右稍高，三个折中间的最小，下面的最大，四点都靠近横画。

"方"字写法要点：点居横中，撇斜伸左下，横折钩内抱至点的下方呼应。

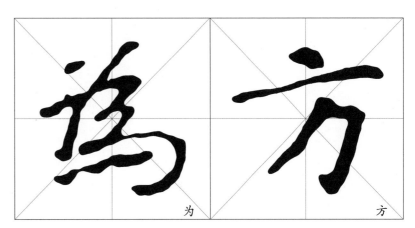

为　　方

"及"字写法要点：两撇一直一曲，横折的横斜度要大。

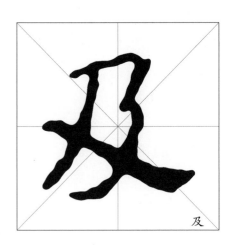

及

二、合体字

合体字是由两个或两个以上的独体字共同组合而构成的字，有的独体字就成为它的偏旁部首。有左右结构、左中右结构、上下结构、上中下结构、全包围结构和半包围结构。

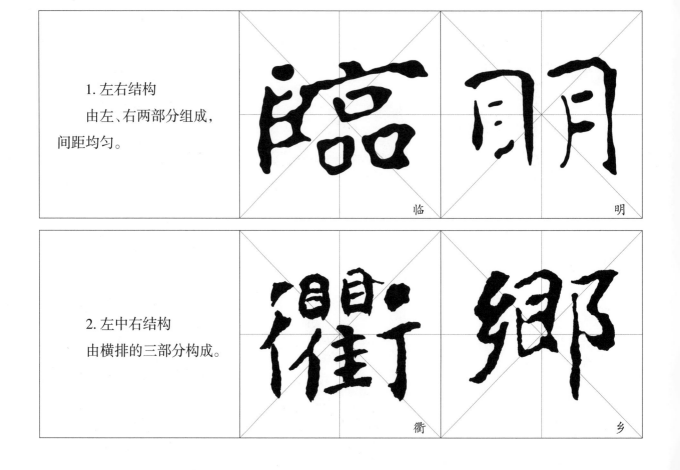

| 1. 左右结构
由左、右两部分组成，间距均匀。 | 临 | 明 |
| 2. 左中右结构
由横排的三部分构成。 | 衢 | 乡 |

3.上下结构
　由上、下两部分组成。

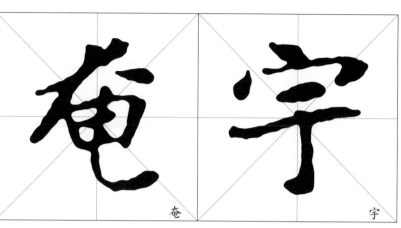

奄　　宇

4.上下结构或上中下结构
　由竖排的三部分构成。

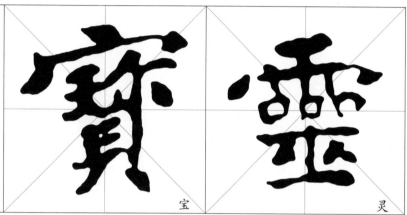

宝　　灵

5.全包围结构
　全包围结构有两种类型。

　一是像"日""曰""固"等左右有两竖往内收进的字，这些字被包围部分笔画较少，左右两竖比较短。

　二是被包围的部分笔画较多，所以左右两竖拉得直且长，而不是向内收进，如"因""国"字。

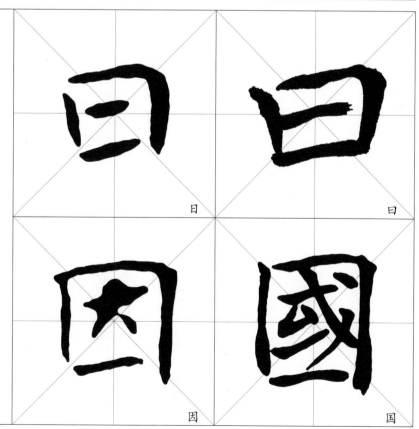

日　　曰

因　　国

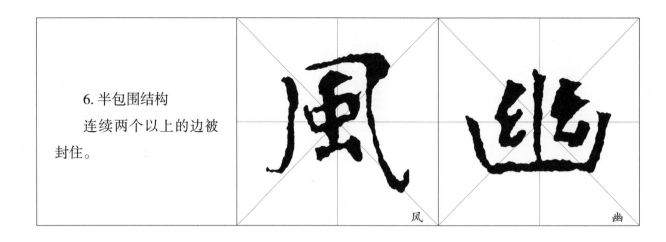

| 6. 半包围结构
　　连续两个以上的边被
封住。 | 风 | 幽 |

第二节　结构比例

一、左右结构搭配比例

| 1. 左右相等
　　左右两部分所占位置
大致相等，书写时注意左
右之间的搭配要和谐，不
能拥挤，也不能太松散，
约各占二分之一。 | 诵 | 北 |

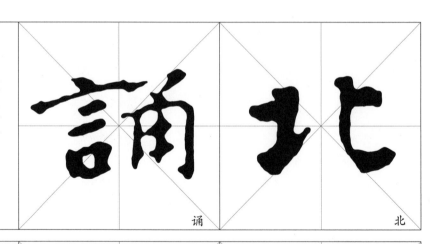

| 2. 左窄右宽
　　左边部分的笔画少于
右边部分的笔画，左边所
占位置一般为三分之一。 | 清 | 传 |

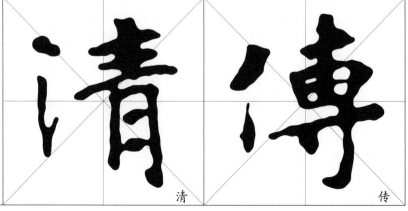

3. 左宽右窄

左边部分的笔画多于右边部分的笔画，左边一般占三分之二的位置比例。

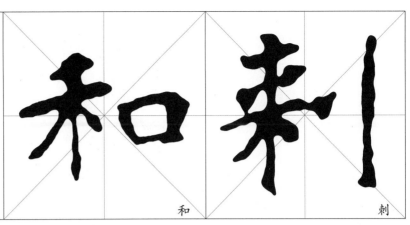

4. 由多部横排组成的左右结构

由于其多部分横排，容易写宽，所以每部分都要适当写窄，以免臃肿虚胖。

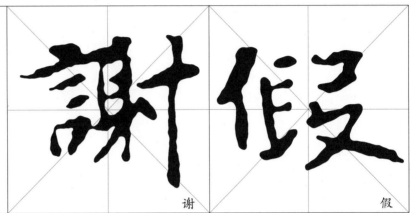

二、上下结构搭配比例

1. 上下相等

其比例各占二分之一。

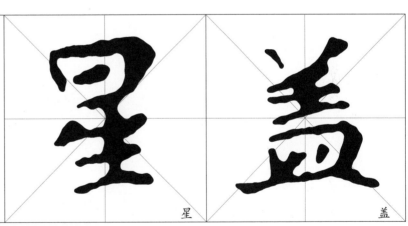

2. 上大下小

上占三分之二，下占三分之一。

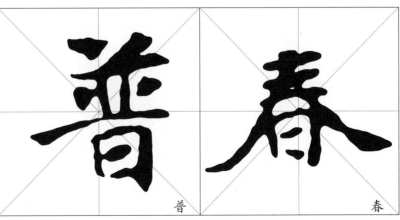

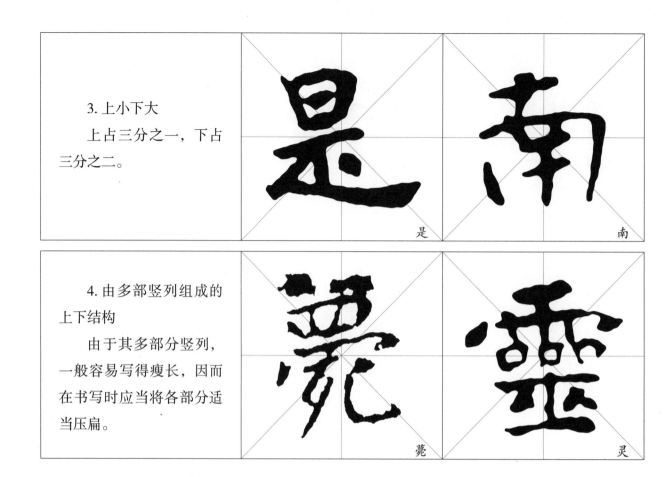

3. 上小下大

上占三分之一，下占三分之二。

是

南

4. 由多部竖列组成的上下结构

由于其多部分竖列，一般容易写得瘦长，因而在书写时应当将各部分适当压扁。

薨

灵

第三节　结构布势

一、对称均衡，中心平稳

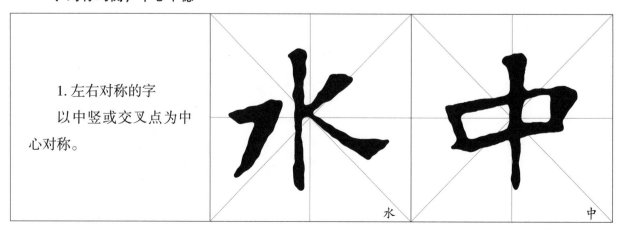

1. 左右对称的字

以中竖或交叉点为中心对称。

水

中

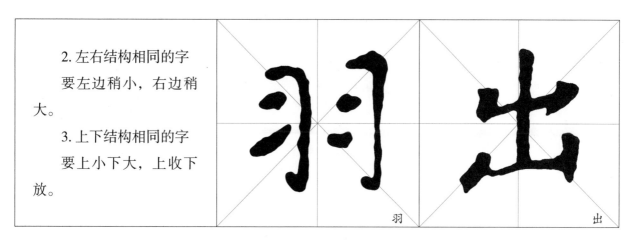

2.左右结构相同的字要左边稍小，右边稍大。

3.上下结构相同的字要上小下大，上收下放。

羽　出

二、对比调和，朝揖相让

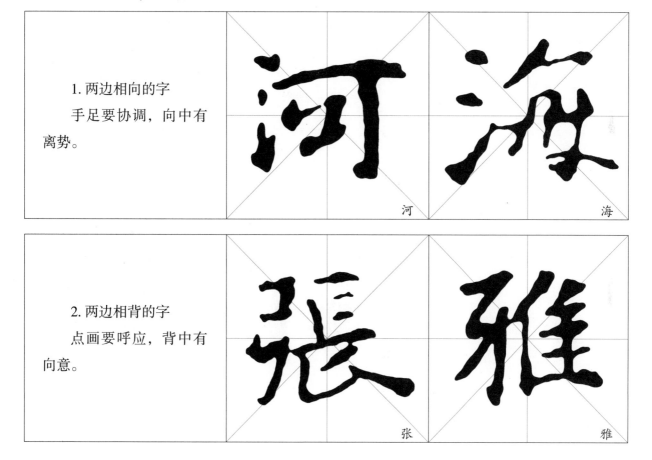

1.两边相向的字手足要协调，向中有离势。

河　海

2.两边相背的字点画要呼应，背中有向意。

张　雅

三、同中有异，多样统一

同中有异、多样统一是客观事物本身所具有的特征，它使人感到既丰富又协调，既活泼又有序。我们这里讲汉字结构就要注意笔画和偏旁的同中求异，多样统一，使笔画有长短、轻重、收放、大小之异，有时甚至是相同的字采取不同的写法。

1. 同画异势

    点画所处的位置不同，其势也不同，这里列举两个字，供读者仔细参详。

2. 同旁异构

    偏旁相同，但是一经组合就会有不同。

3. 同字异写。

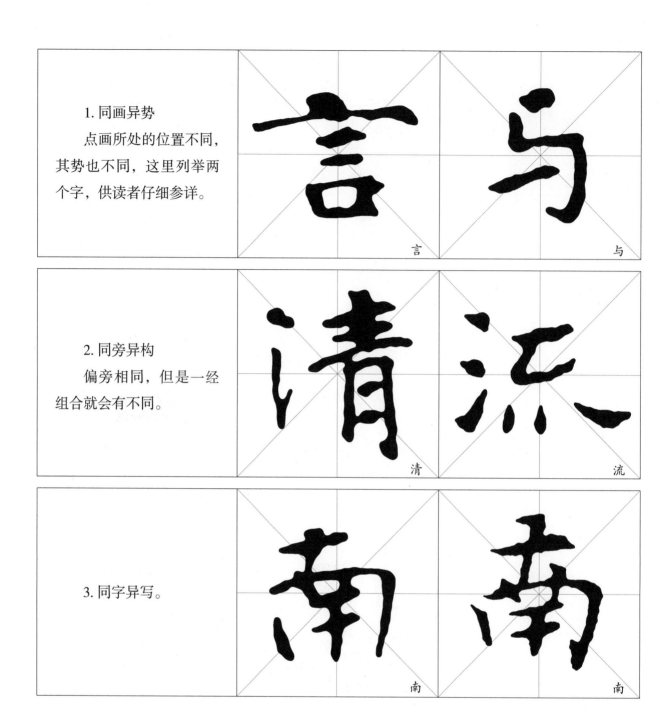

四、顺其自然，返璞归真

汉字的形体构造取法于自然界形象，千姿百态，各具面目，书写时要顺其自然，取其真态，返璞归真，因字立形。

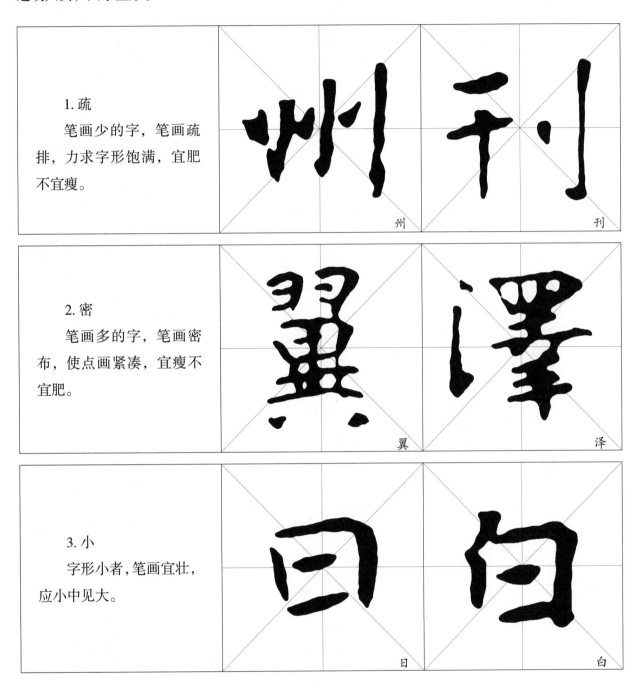

1. 疏
   笔画少的字，笔画疏排，力求字形饱满，宜肥不宜瘦。

州　　　刊

2. 密
   笔画多的字，笔画密布，使点画紧凑，宜瘦不宜肥。

翼　　　泽

3. 小
   字形小者，笔画宜壮，应小中见大。

日　　　白

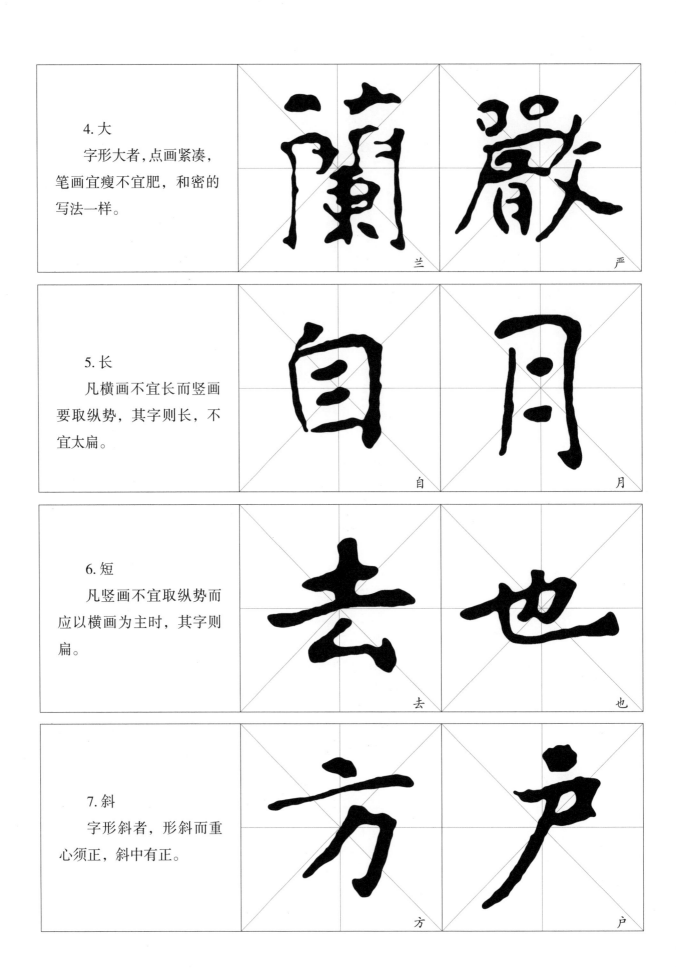

4. 大

字形大者，点画紧凑，笔画宜瘦不宜肥，和密的写法一样。

兰　严

5. 长

凡横画不宜长而竖画要取纵势，其字则长，不宜太扁。

自　月

6. 短

凡竖画不宜取纵势而应以横画为主时，其字则扁。

去　也

7. 斜

字形斜者，形斜而重心须正，斜中有正。

方　户

第 **6** 章

造字练习

　　每一个碑帖都不可能涵盖所有的汉字，凡临习碑帖，都有入帖和出帖的问题。入帖是指通过对某一家某一帖的临习，对其笔法、字法和章法都有比较深入的理解和把握，对其形质和神韵都能比较准确地领会，也就是说临习得很像了。如果说我们能用前面几章所学的知识和技法把原帖临习得很像了，不仅形似还有点神似了，那就算基本入帖了。出帖则是在入帖的基础上，将所学的知识和技法融会贯通，消化吸收，为我所用，这时候字的形态可能不是很像原帖，但是内在方面仍和原帖有着实际上的师承和亲缘关系，也就是遗貌取神——出帖了。对初学者来说，临习某家或某帖，要先入帖，然后才能谈出帖。入帖和出帖都需要一个过程，有时要反复交叉进行，才能既入得去又出得来。入帖是为了积累，出帖是为了创作。临帖只是量的积累，创作才是质的飞跃。如果说只靠前面几章所学的点画笔法、偏旁部首、间架结构来写，碰到原帖上没有的字仍然感到困惑，难以下笔，那么我们可以通过集字来"造"出所需的新字。

　　集字是从临帖到创作之间的一座桥梁。集字是指根据所要书写的内容，有目的地收集某家或某帖的字，对于在原帖中无法集选的字，可以根据相关的用笔特点、偏旁部首、结构规则和相同风格进行组合整理，可运用加法增加一些笔画和部件，或者是运用减法减少一些笔画和部件，或者综合运用加减法后移位合并，使之既有原帖字的韵味，又是原帖上没有的字，这样"造"出我们所需要的新字，以便我们在进行创作的时候使用，这就是所谓的"造字练习法"。

　　下面我们根据原帖来做一些积累。

第一节　基本笔画加减法

一、基本笔画加法

岳＋十——千　　用"岳"字的上撇加上"十"字，得到"千"字。

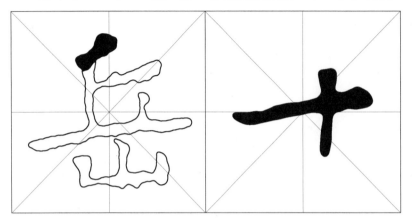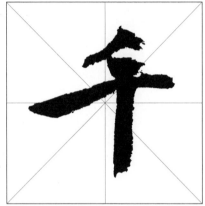

二＋十——干　　用"二"字的上横加上"十"字，得到"干"字。

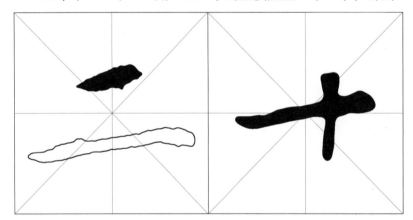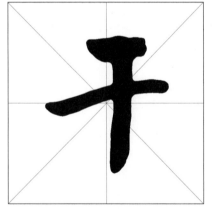

乎＋去——丢　　用"乎"字的上撇加上"去"字，得到"丢"字。

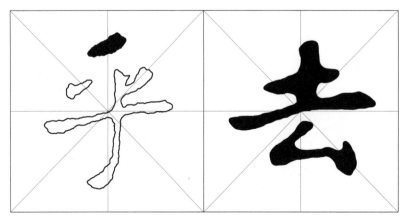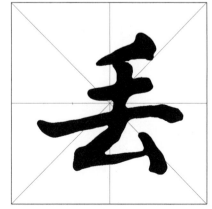

史+并——吏　　用"史"字加上"并"字的上横，得到"吏"字。

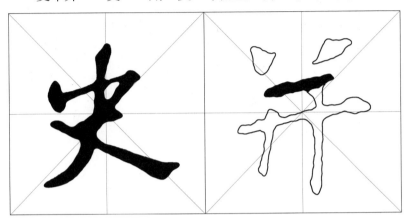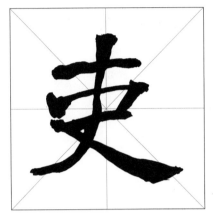

岳+故——敌　　用"岳"字的上撇加上"故"字，得到"敌"字。

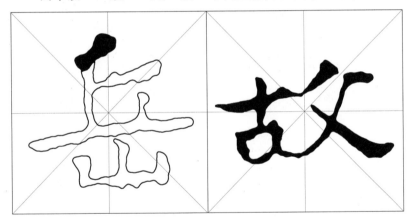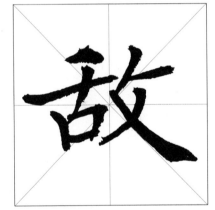

年+侍——待　　用"年"字的撇加上"侍"字，得到"待"字。

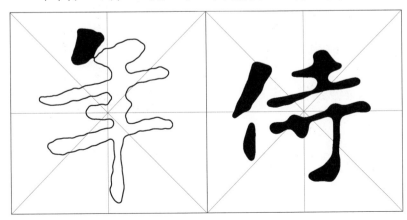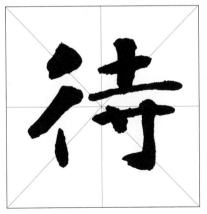

军+光——辉　　用"军"字加上"光"字，"光"的竖弯钩变为竖挑，得到"辉"字。

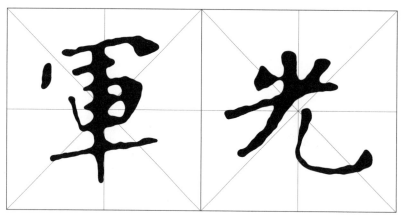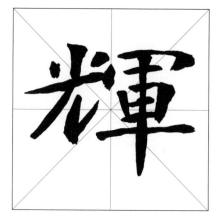

军+司——同　　用"军"字的中竖加上"司"字，得到"同"字。

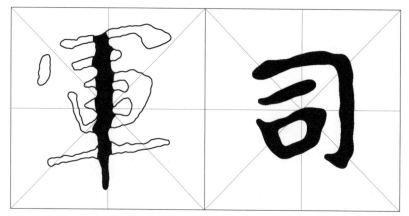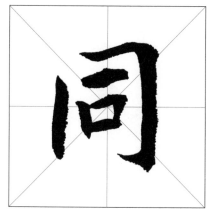

中+日——由　　用"中"字的中竖加上"日"字，得到"由"字。

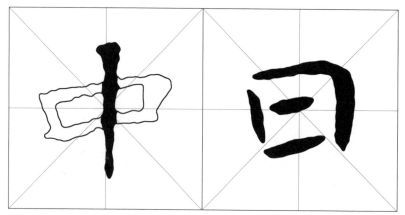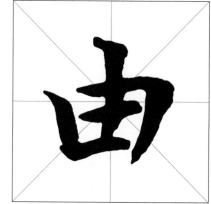

不+日——旦　　用"不"字的长横加上"日"字，得到"旦"字。

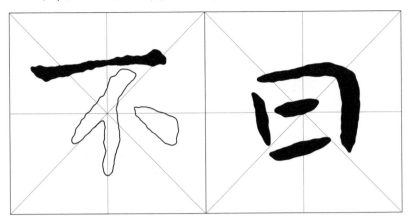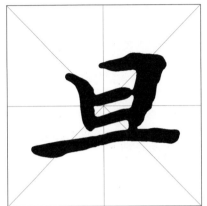

毛+日——电　　用"毛"字的"乚"部加上"日"字，得到"电"字。

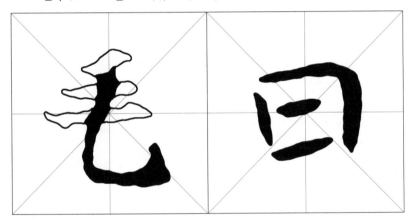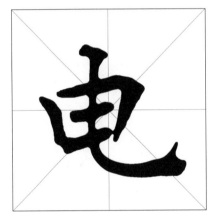

字+毛——手　　用"字"字的竖钩加上"毛"字的"手"部，得到"手"字。

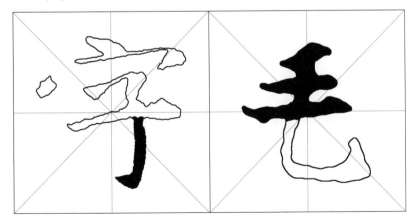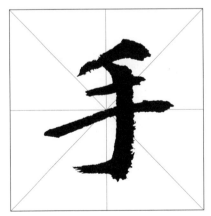

上——土　　将"上"字的上横左伸，得到"土"字。

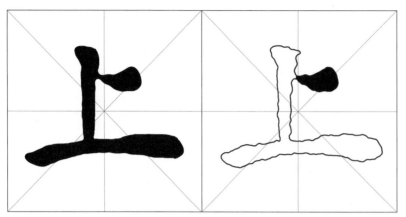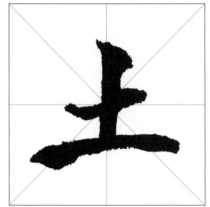

石——右　　"石"字撇出头，得到"右"字。

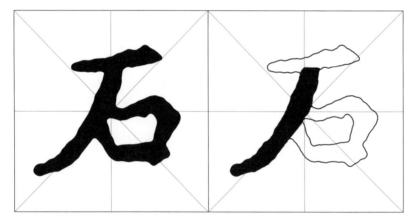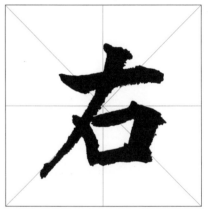

不+白——百　　用"不"字的长横加上"白"字，得到"百"字。

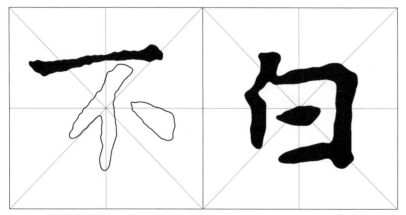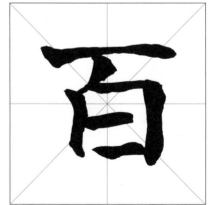

不+上——丕　　用"不"字加上"上"字的长横，得到"丕"字。

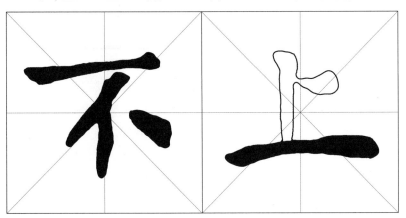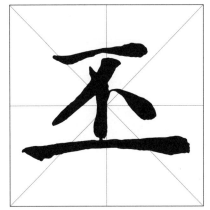

毛+之——乏　　用"毛"字的平撇加上"之"字，得到"乏"字。

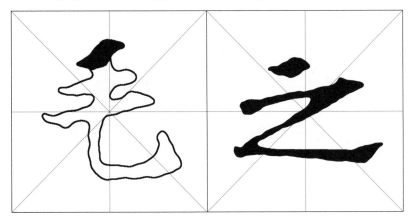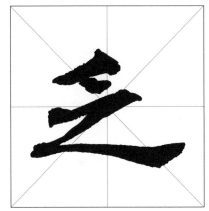

平+和——种　　用"平"字的中竖加上"和"字，得到"种"字。

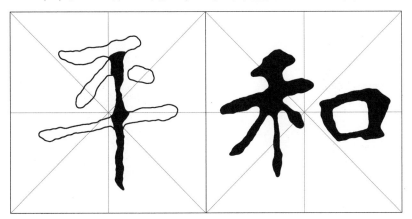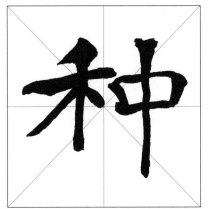

天——夫　　"天"字撇出头，得到"夫"字。

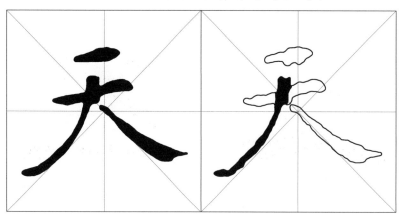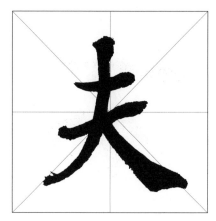

在+二——工　　用"在"字的右竖加上"二"字，得到"工"字。

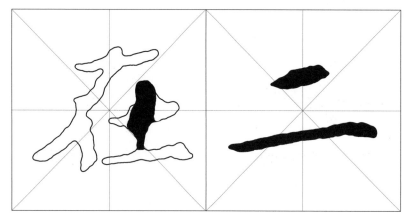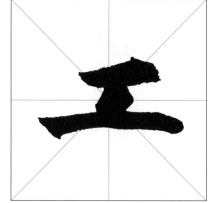

秀+木——禾　　用"秀"字的平撇加上"木"字，得到"禾"字。

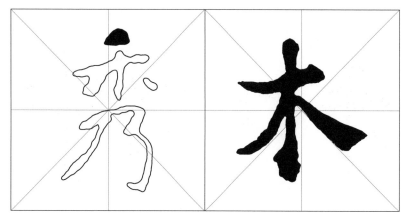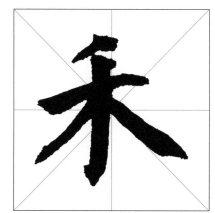

上＋三——王　　用"上"字的竖加上"三"字，得到"王"字。

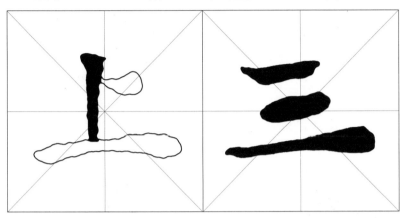
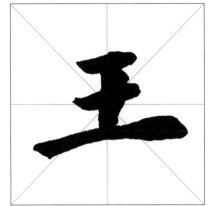

二、基本笔画减法

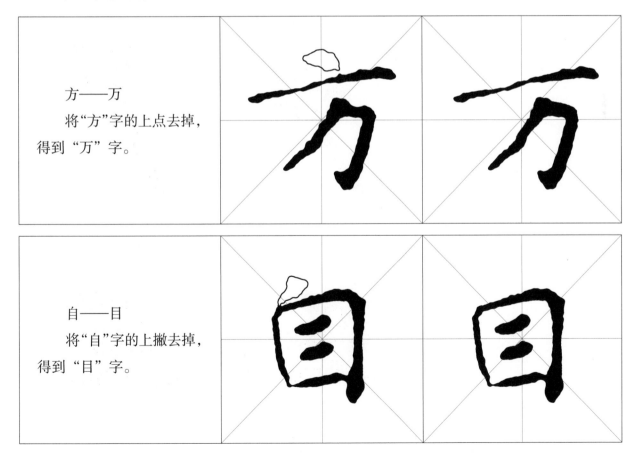

方——万
　　将"方"字的上点去掉，得到"万"字。

自——目
　　将"自"字的上撇去掉，得到"目"字。

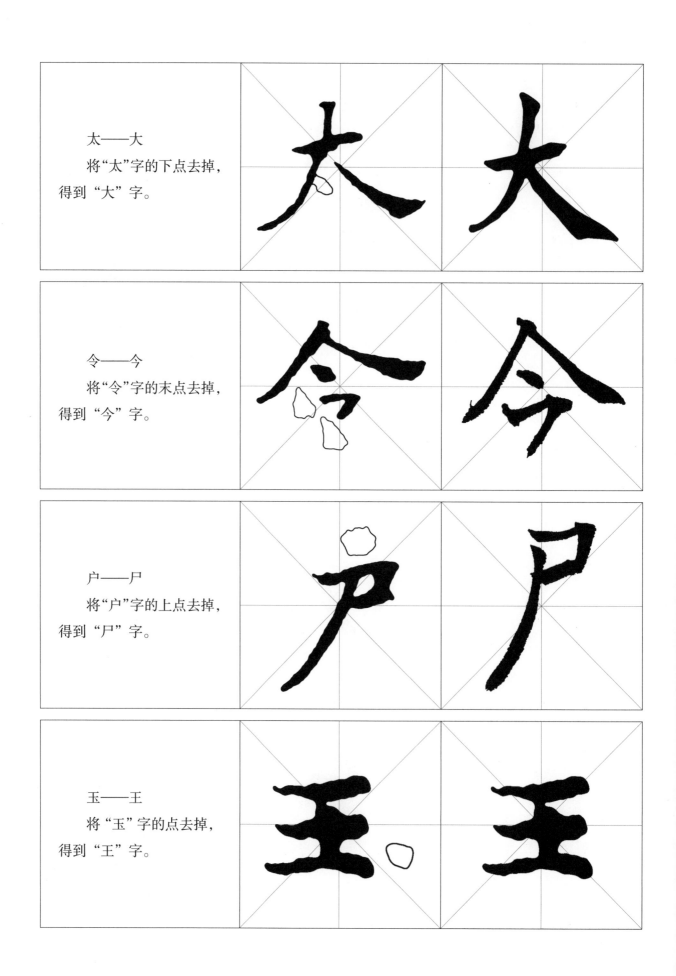

太——大
　　将"太"字的下点去掉，
得到"大"字。

令——今
　　将"令"字的末点去掉，
得到"今"字。

户——尸
　　将"户"字的上点去掉，
得到"尸"字。

玉——王
　　将"玉"字的点去掉，
得到"王"字。

酉——西
　　将"酉"字的短横去掉，得到"西"字。

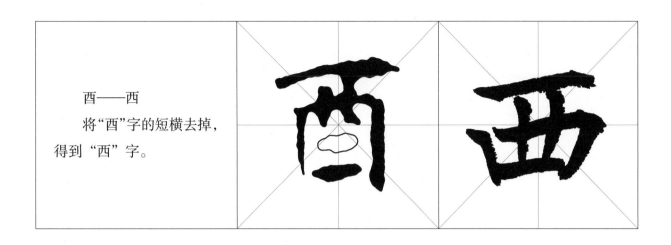

第二节　偏旁部首移位合并法

次+东——冻　　将"次"字的左旁移到"东"字的左边，得到"冻"字。

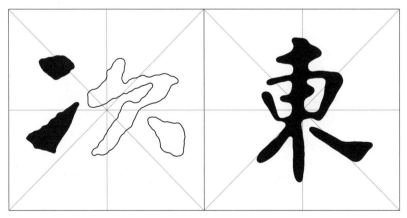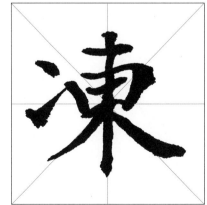

次＋水——冰　　将"次"字的左旁移到"水"字的左边，得到"冰"字。

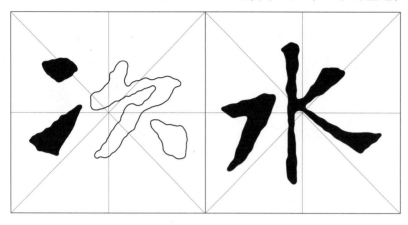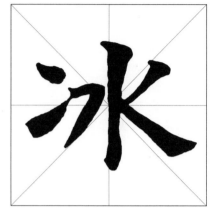

次＋令——冷　　将"次"字左旁移到"令"字的左边，得到"冷"字。

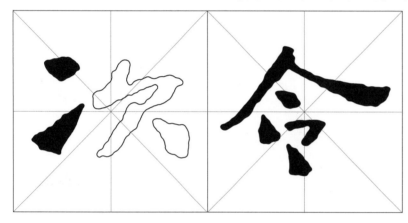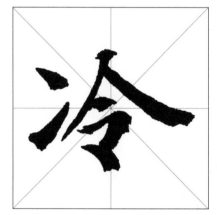

次＋妻——凄　　将"次"字左旁移到"妻"字左边，得到"凄"字。

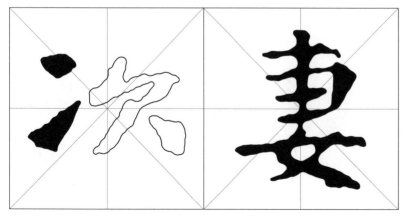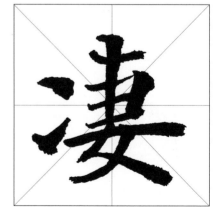

化+方——仿　　将"化"字左旁移到"方"字左边,得到"仿"字。

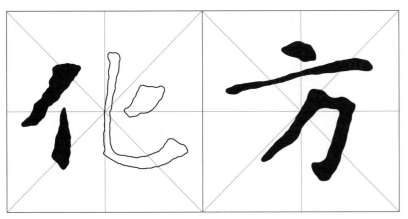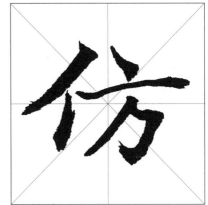

伤+故——做　　将"伤"字左旁移到"故"字左边,得到"做"字。

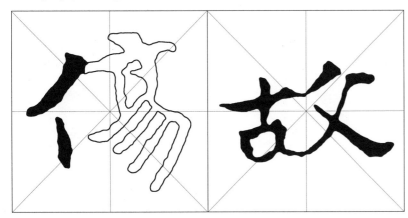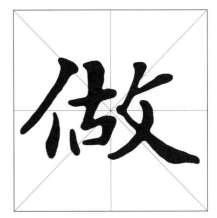

侍+以——似　　将"侍"字左旁移到"以"字左边,得到"似"字。

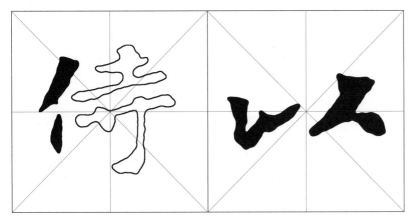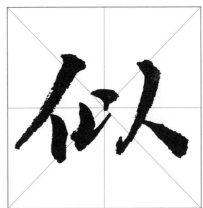

便+具——俱　　将"便"字左旁移到"具"字左边，得到"俱"字。

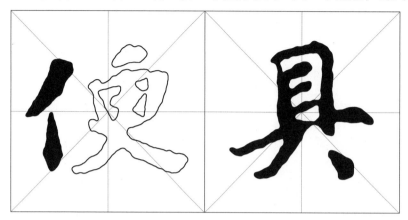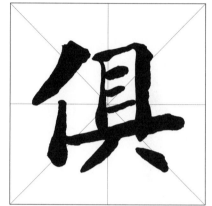

行+方——彷　　将"行"字左旁移到"方"字左边，得到"彷"字。

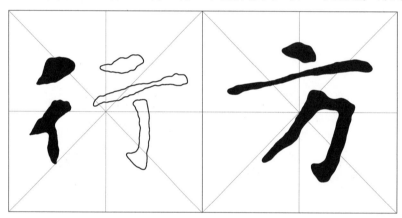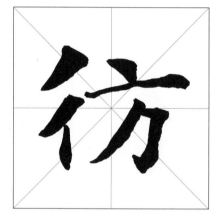

德+根——很　　将"德"字左旁与"根"字右旁合并，得到"很"字。

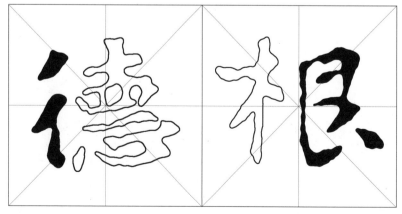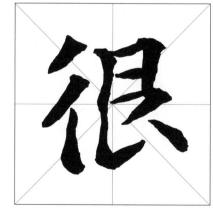

从（從）＋侍——待　将"從"字左旁与"侍"字右旁合并，得到"待"字。

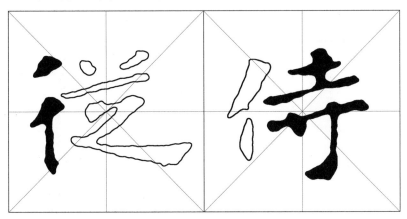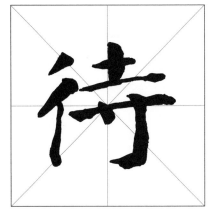

衢＋除——徐　将"衢"字左旁与"除"字右旁合并，得到"徐"字。

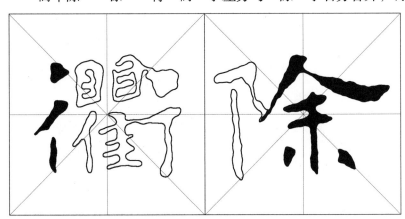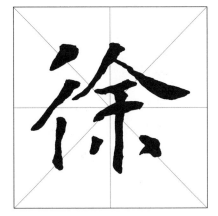

坂＋次——坎　将"坂"字左旁与"次"字右旁合并，得到"坎"字。

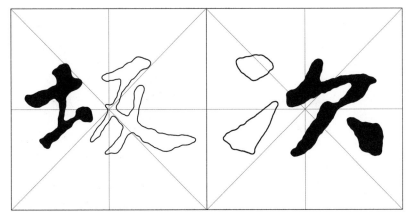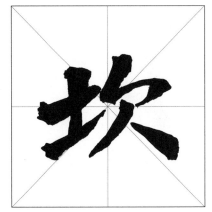

坟＋何——坷　　将"坟"字左旁与"何"字右旁合并，得到"坷"字。

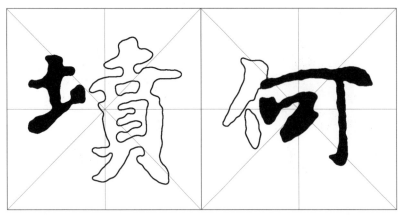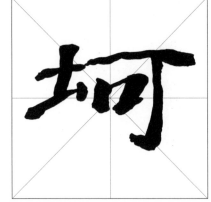

城＋方——坊　　将"城"字左旁移到"方"字左边，得到"坊"字。

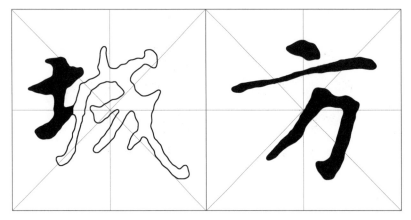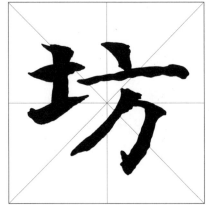

坵＋泣——垃　　将"坵"字左旁与"泣"字右旁合并，得到"垃"字。

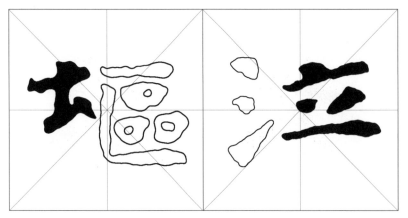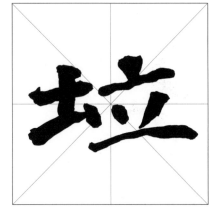

陈+河——阿　　将"陈"字左旁与"河"字右旁合并，得到"阿"字。

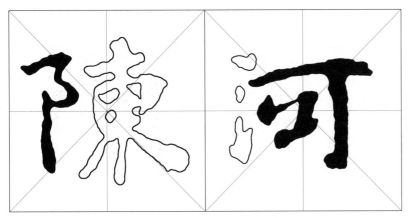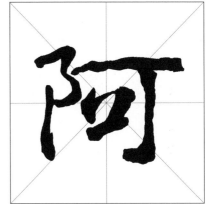

阴+祖——阻　　将"阴"字左旁与"祖"字右旁合并，得到"阻"字。

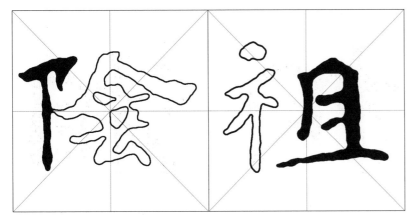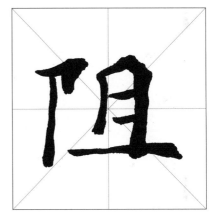

阳+方——防　　将"阳"字左旁移到"方"字左边，得到"防"字。

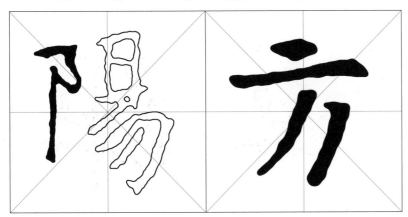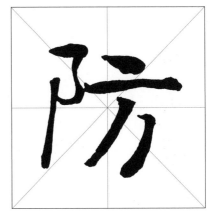

除+明——阴　　将"除"字左旁与"明"字右旁合并，得到"阴"字。

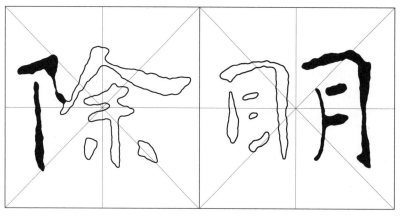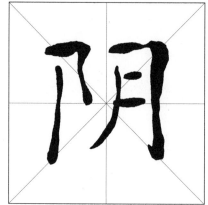

海+相——湘　　将"海"字左旁移到"相"字左边，得到"湘"字。

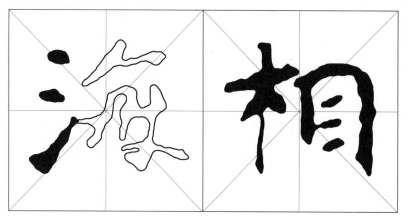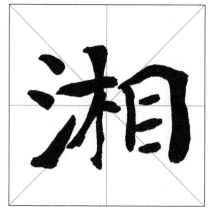

流+晖——浑　　将"流"字左旁与"晖"字右旁合并，得到"浑"字。

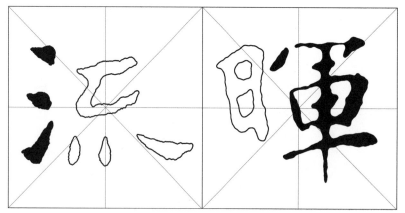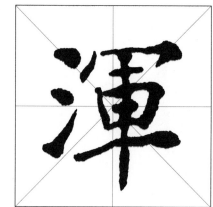

泽+州——洲　　将"泽"字的左旁移到"州"字左边，得到"洲"字。

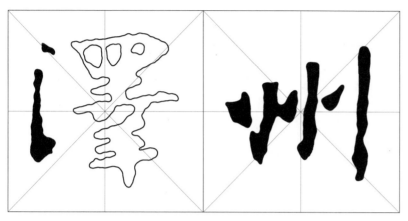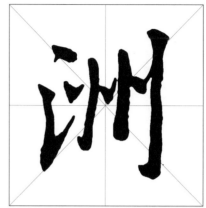

清+朝——潮　　将"清"字的左旁移到"朝"字左边，得到"潮"字。

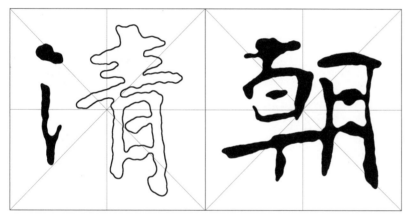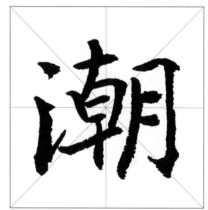

张+也——弛　　将"张"字的左旁移到"也"字左边，得到"弛"字。

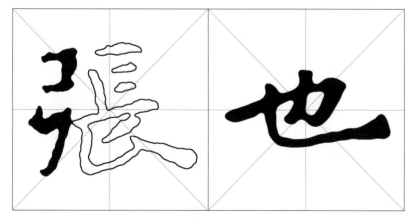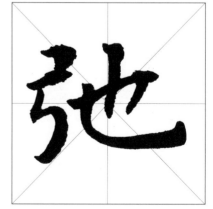

张+玄——弦　　将"张"字左旁移到"玄"字左边，得到"弦"字。

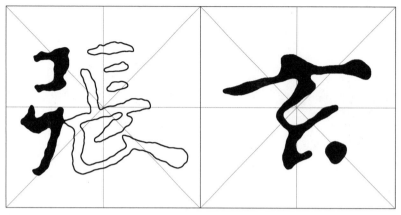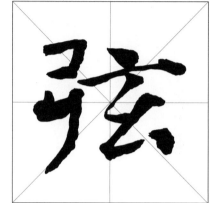

张+并——引　　将"张"字左旁与"并"字的长竖合并，得到"引"字。

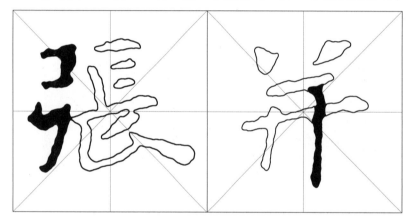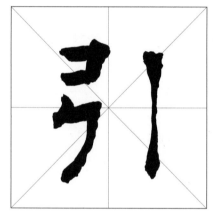

张+去——弘　　将"张"字左旁与"去"字的"厶"部合并，得到"弘"字。

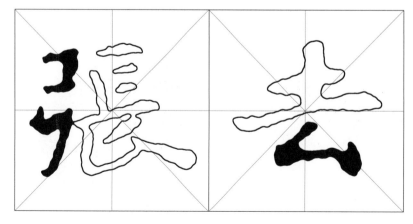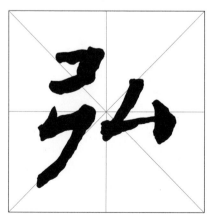

和+诮——稍　　将"和"字左旁与"诮"字右旁合并，得到"稍"字。

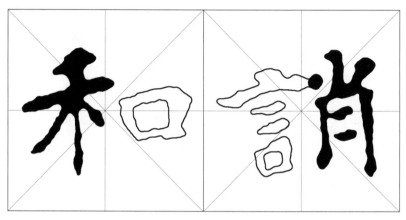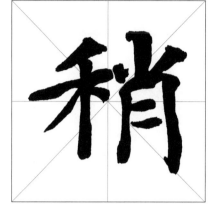

清+端——湍　　将"清"字左旁与"端"字右旁合并，得到"湍"字。

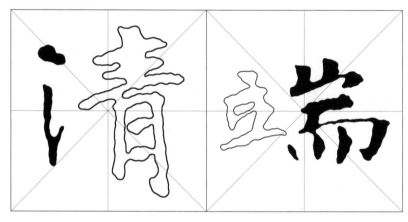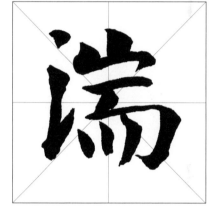

城+便——埂　　将"城"字左旁与"便"字右旁合并，得到"埂"字。

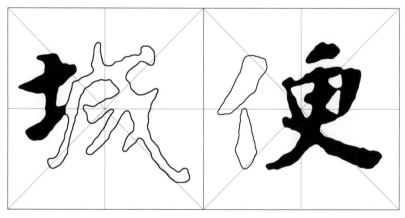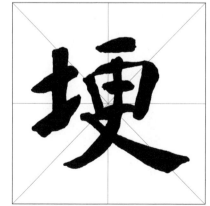

纯＋及——级　　将"纯"字左旁移到"及"字左边，得到"级"字。

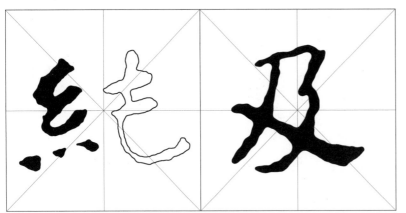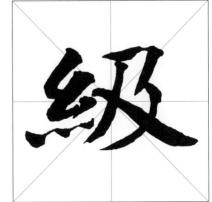

悟＋清——情　　将"悟"字左旁与"清"字右旁合并，得到"情"字。

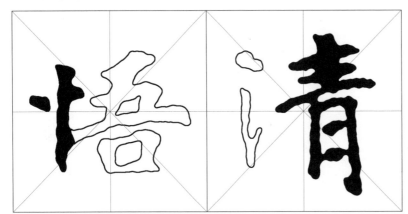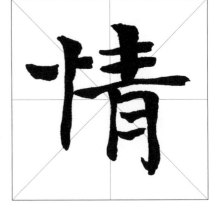

性＋诮——悄　　将"性"字左旁与"诮"字右旁合并，得到"悄"字。

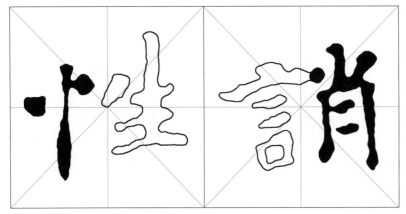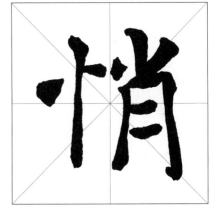

悦＋俱——惧　　将"悦"字左旁与"俱"字右旁合并，得到"惧"字。

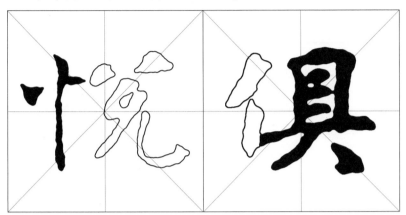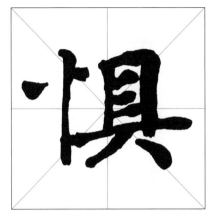

悦＋光——恍　　将"悦"字左旁移到"光"字左边，得到"恍"字。

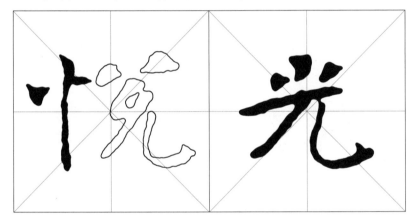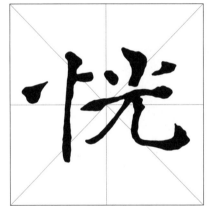

抓＋诵——捅　　将"抓"字左旁与"诵"字右旁合并，得到"捅"字。

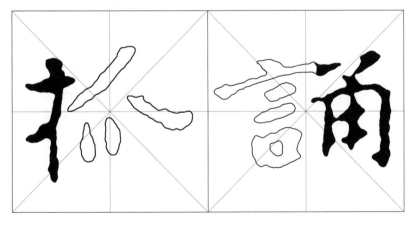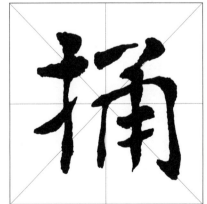

摧＋泣——拉　　将"摧"字左旁与"泣"字右旁合并，得到"拉"字。

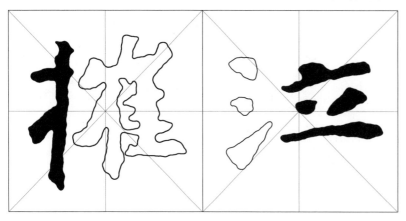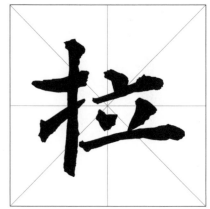

接＋石——拓　　将"接"字左旁移到"石"字左边，得到"拓"字。

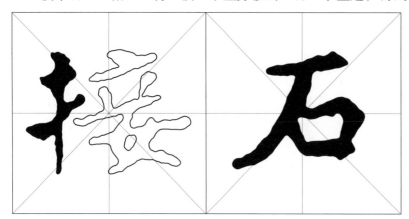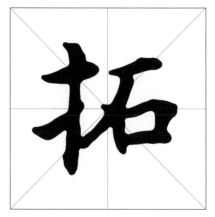

接＋矣——挨　　将"接"字左旁移到"矣"字左边，得到"挨"字。

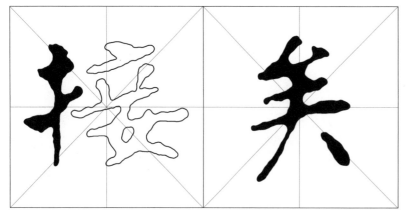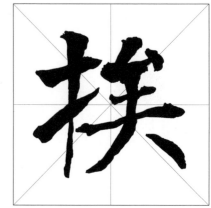

犹＋烛——独　　将"犹"字左旁与"烛"字右旁合并，得到"独"字。

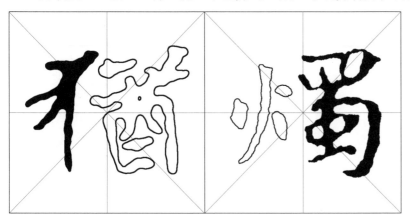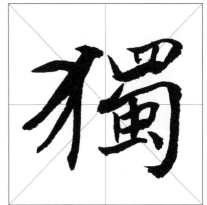

犹＋苗——猫　　将"犹"字左旁移到"苗"字左边，得到"猫"字。

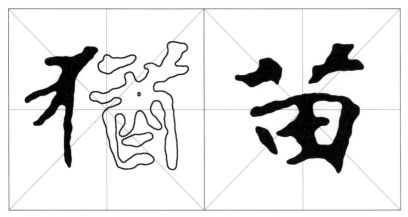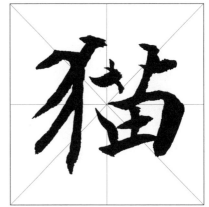

犹＋祖——狙　　将"犹"字左旁与"祖"字右旁合并，得到"狙"字。

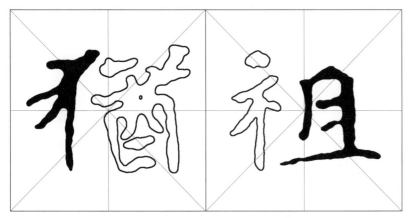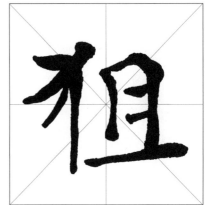

犹+根—狠　　将"犹"字左旁与"根"字右旁合并，得到"狠"字。

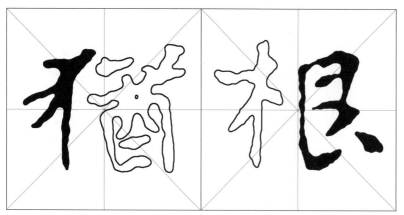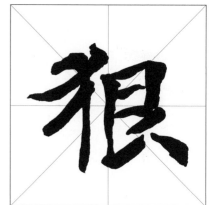

歼+刊——列　　将"歼"字左旁与"刊"字右旁合并，得到"列"字。

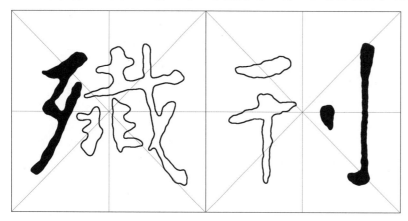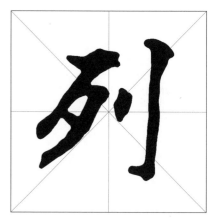

歼+祖——殂　　将"歼"字左旁与"祖"字右旁合并，得到"殂"字。

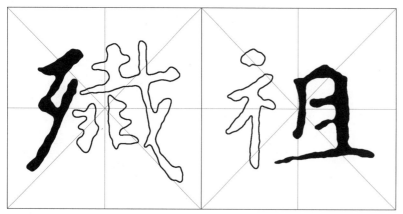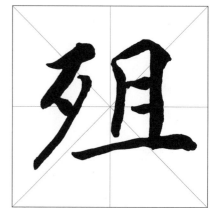

歹+殷——殁 将"歹"字左旁与"殷"字的"殳"部合并，得到"殁"字。

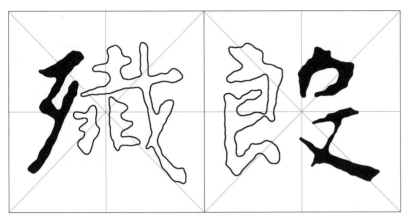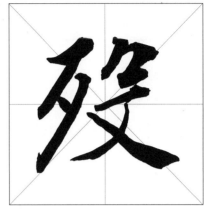

歹+化——死 将"歹"字左旁与"化"字的右旁合并，得到"死"字。

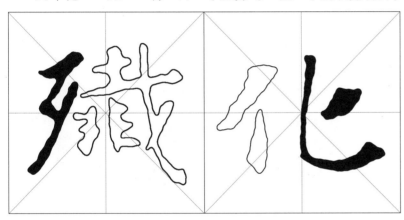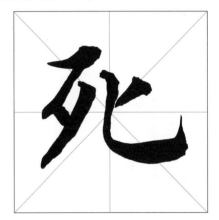

松+东——栋 将"松"字左旁移到"东"字左边，得到"栋"字。

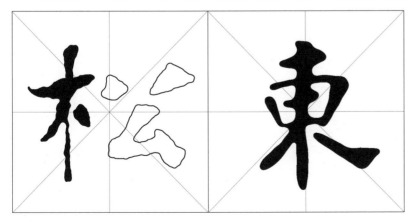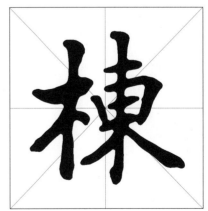

相＋守——村　　将"相"字左旁与"守"字的"寸"部合并，得到"村"字。

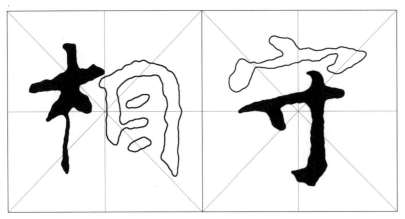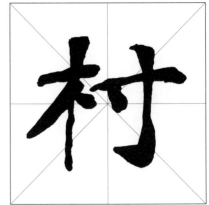

桐＋悟——梧　　将"桐"字左旁与"悟"字右旁合并，得到"梧"字。

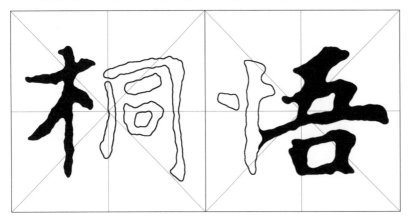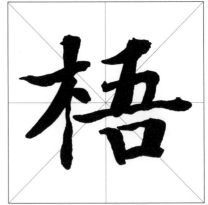

枝＋便——梗　　将"枝"字左旁与"便"字右旁合并，得到"梗"字。

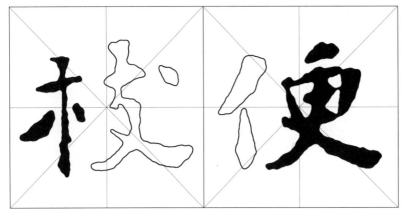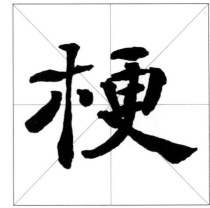

时+军——晖　　将"时"字左旁移到"军"字左边，得到"晖"字。

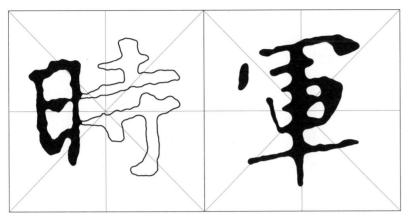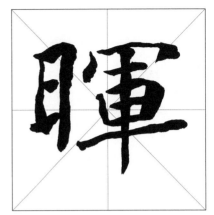

映+作——昨　　将"映"字左旁与"作"字右旁合并，得到"昨"字。

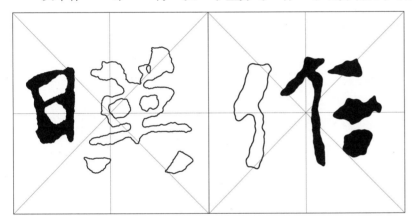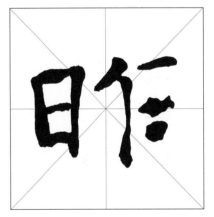

晓+海——晦　　将"晓"字左旁与"海"字右旁合并，得到"晦"字。

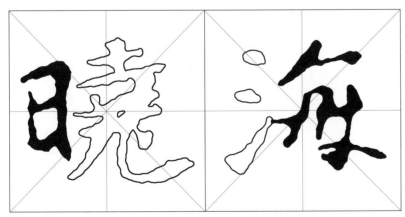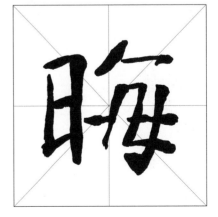

曜+清——晴　　将"曜"字左旁与"清"字右旁合并，得到"晴"字。

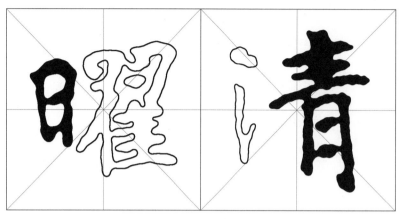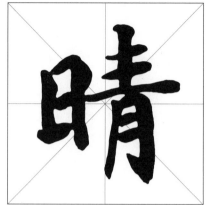

祖+司——祠　　将"祖"字左旁移到"司"字左边，得到"祠"字。

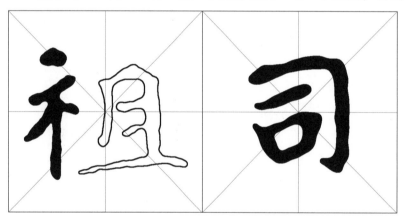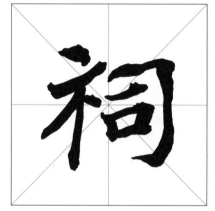

神+作——祚　　将"神"字左旁与"作"字右旁合并，得到"祚"字。

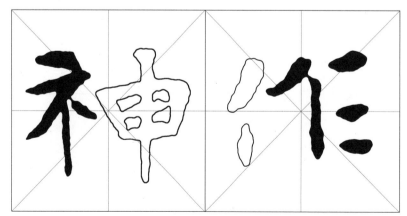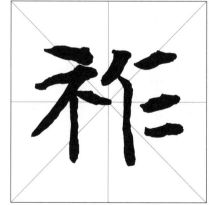

祖＋化——礼　　将"祖"字左旁与"化"字的"乚"部合并，得到"礼"字。

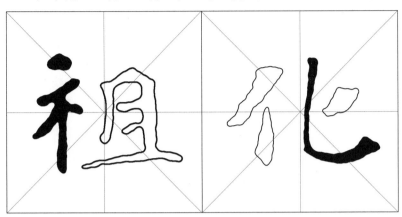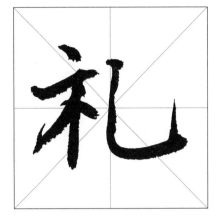

禄＋新——祈　　将"禄"字左旁与"新"字右旁合并，得到"祈"字。

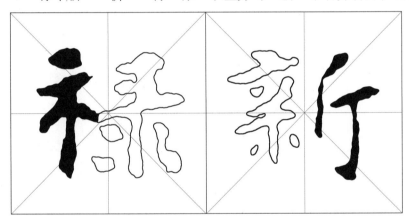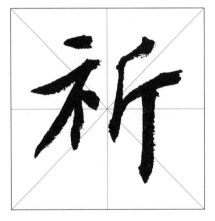

烛＋因——烟　　将"烛"字左旁移到"因"字左边，得到"烟"字。

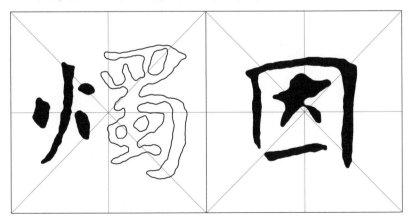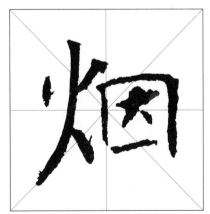

烛＋丁——灯　　将"烛"字左旁移到"丁"字左边，得到"灯"字。

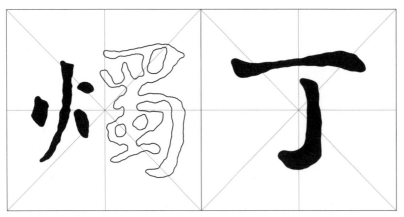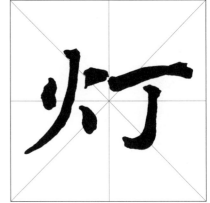

烛＋作——炸　　将"烛"字左旁与"作"字右旁合并，得到"炸"字。

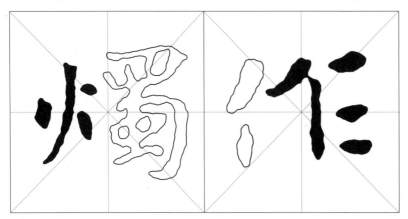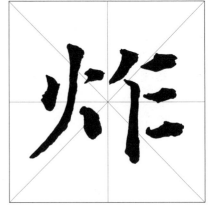

烛＋然——燃　　将"烛"字左旁移到"然"字左边，得到"燃"字。

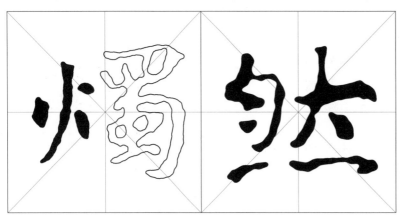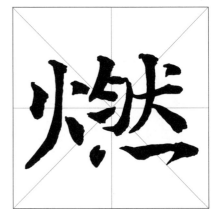

被＋君——裙　　将"被"字左旁加点为"衤"，移到"君"字左边，得到"裙"字。

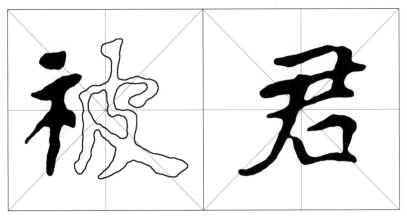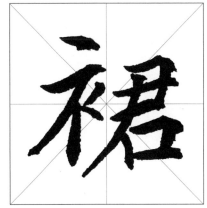

褐＋雕（彫）——衫　　将"褐"字左旁加点为"衤"，与"彫"字右旁合并，得到"衫"字。

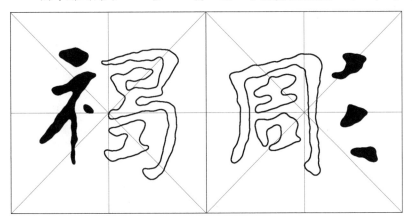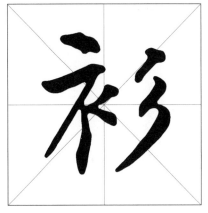

褐＋上——补　　将"褐"字左旁加点为"衤"，与"上"字"卜"部合并、变化，得到"补"字。

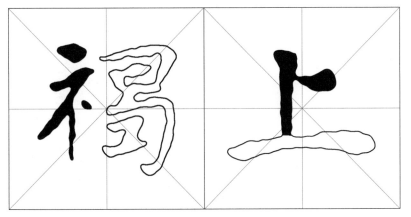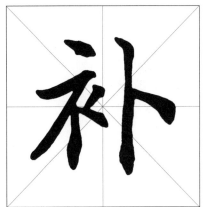

褐＋部——祁　　将"褐"字左旁与"部"字右旁合并，得到"祁"字。

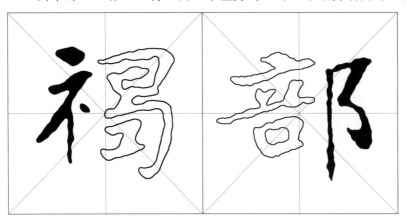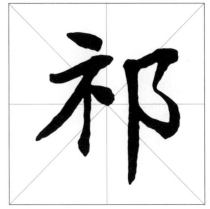

秋＋诮——稍　　将"秋"字左旁与"诮"字右旁合并，得到"稍"字。

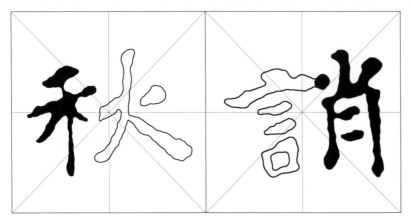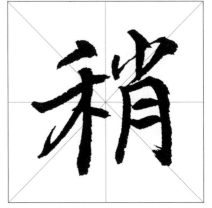

和＋中——种　　将"和"字左旁移到"中"字左边，得到"种"字。

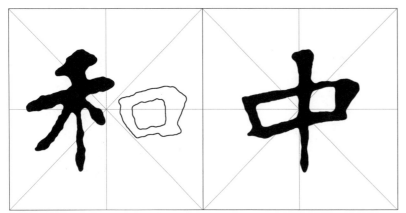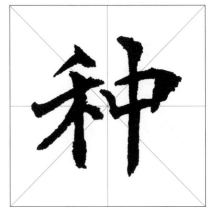

和＋具——租　　将"和"字左旁与"具"字的"且"部合并，得到"租"字。

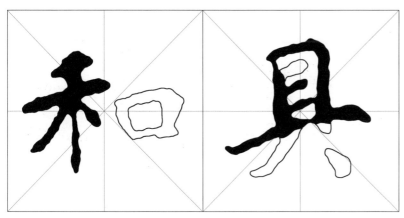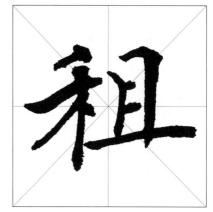

和＋去——私　　将"和"字左旁与"去"字的"厶"部合并，得到"私"字。

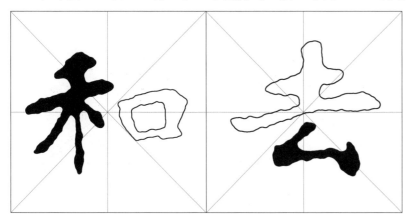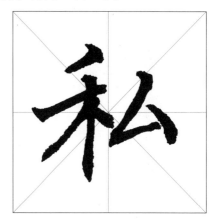

精＋良——粮　　将"精"字左旁移到"良"字左边，得到"粮"字。

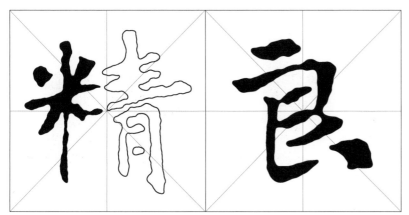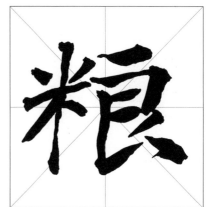

精+泣——粒　　将"精"字左旁与"泣"字右旁合并，得到"粒"字。

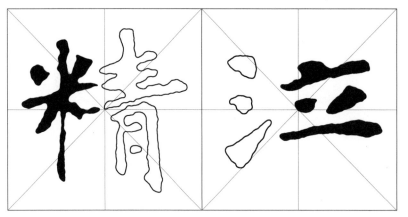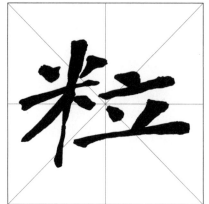

精+便——粳　　将"精"字左旁与"便"字右旁合并，得到"粳"字。

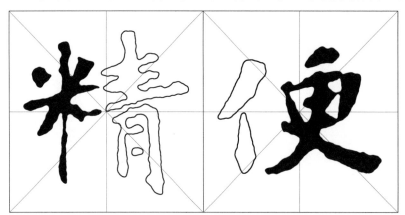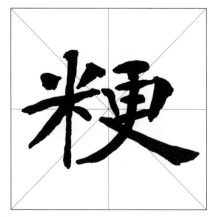

精+祖——粗　　将"精"字左旁与"祖"字右旁合并，得到"粗"字。

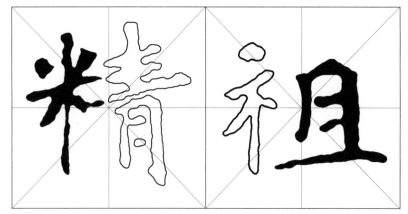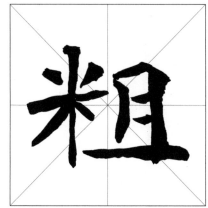

輶+次——軟（軟）　　将"輶"字左旁与"次"字右旁合并，得到"软"字。

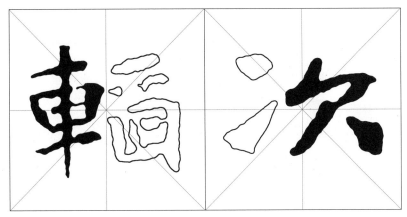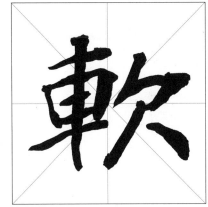

轨+传——转　　将"轨"字左旁与"传"字右旁合并，得到"转"字。

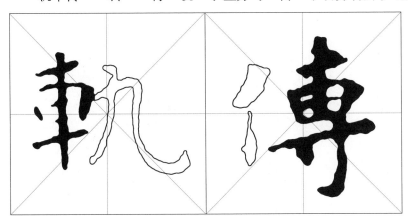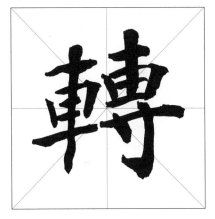

轨+蒲——辅　　将"轨"字左旁与"蒲"字的"甫"部合并，得到"辅"字。

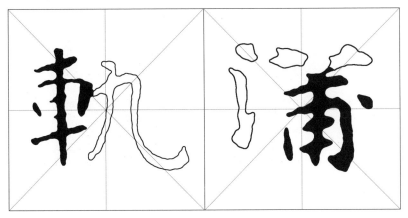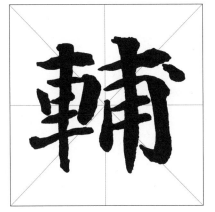

轨+式——轼　将"轨"字左旁移到"式"字左边，得到"轼"字。

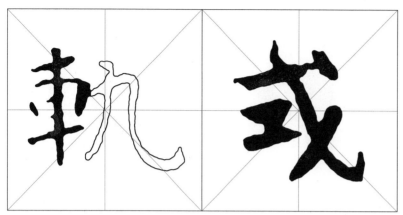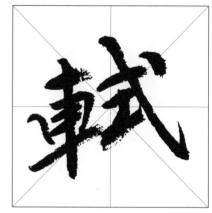

谓+时（時）——诗　将"谓"字左旁与"時"字右旁合并，得到"诗"字。

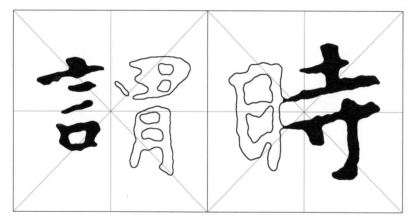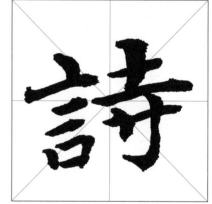

志（誌）+精——请　将"誌"字的左旁与"精"字右旁合并，得到"请"字。

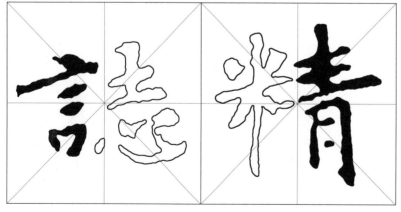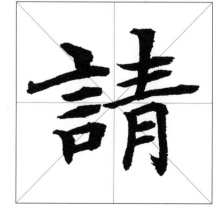

讳＋风——讽　　将"讳"字左旁移到"风"字左边，得到"讽"字。

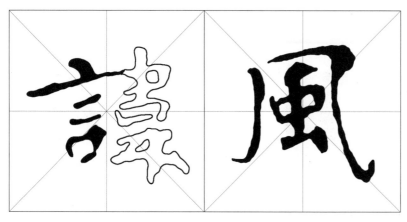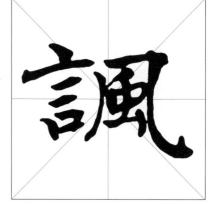

诮＋成——诚　　将"诮"字左旁移到"成"字左边，得到"诚"字。

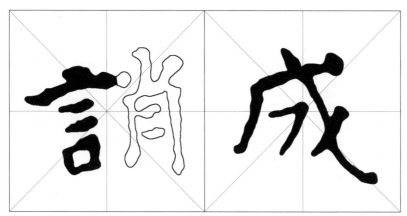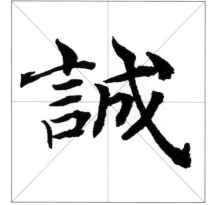

纯＋禄——绿　　将"纯"字左旁与"禄"字右旁合并，得到"绿"字。

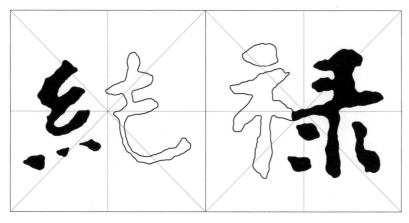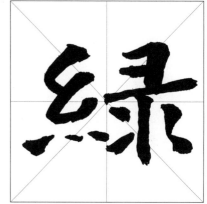

终＋方——纺　　将"终"字左旁移到"方"字左边，得到"纺"字。

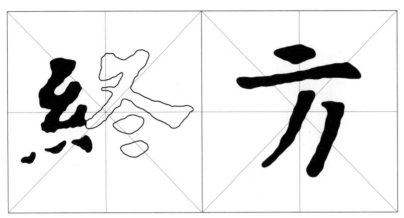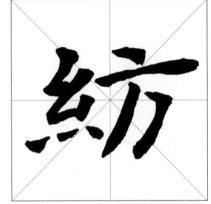

终＋周——绸　　将"终"字左旁移到"周"字左边，得到"绸"字。

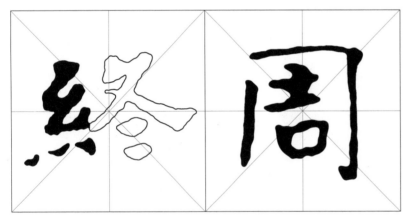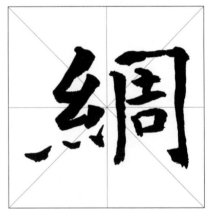

终＋爱——缓　　将"终"字左旁移到"爱"字的左边，得到"缓"字。

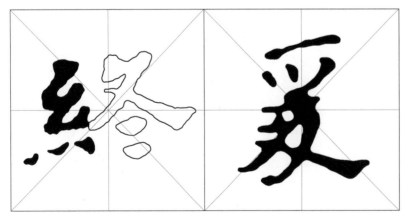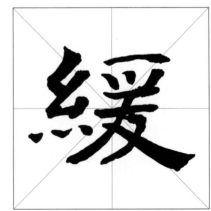

剌＋部——剖　　将"剌"字右旁与"部"字的左旁合并，得到"剖"字。

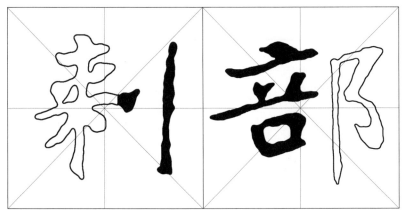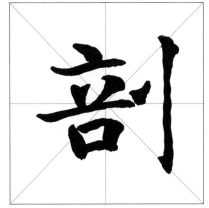

刊＋奄——剦　　将"刊"字右旁移到"奄"字右边，得到"剦"字。

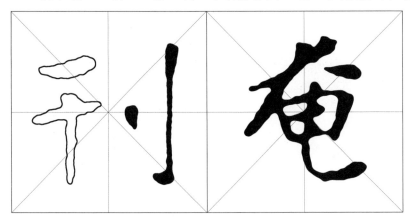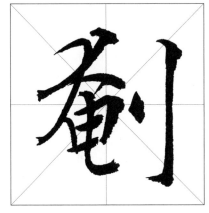

刊＋歼——列　　将"刊"字右旁与"歼"字左旁合并，得到"列"字。

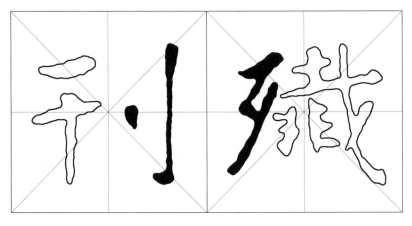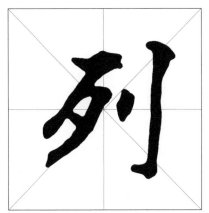

刊＋室——到　将"刊"字右旁与"室"字的"至"部合并，得到"到"字。

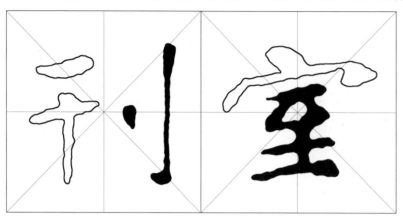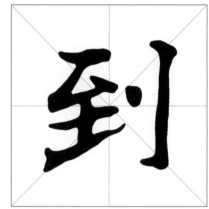

郎＋有——郁　将"郎"字右旁移到"有"字右边，得到"郁"字。

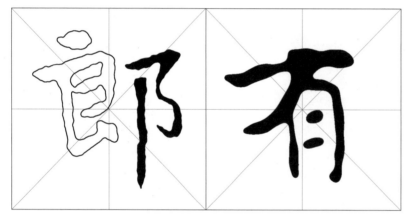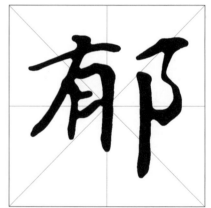

乡（乡）＋君——郡　将"乡"字右旁移到"君"字右边，得到"郡"字。

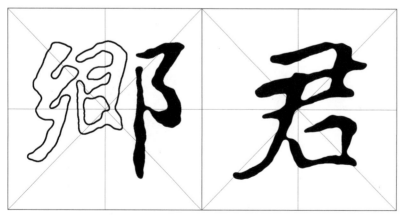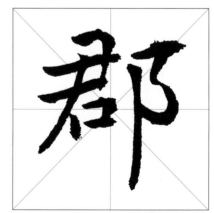

部＋牙——邪　　将"部"字右旁移到"牙"字右边，得到"邪"字。

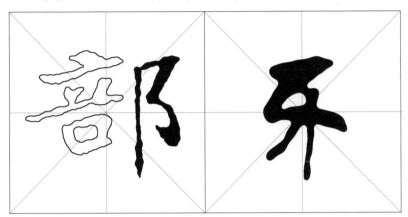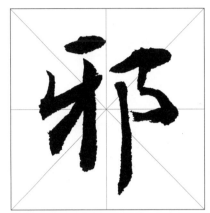

部＋岳——邱　　将"部"字右旁与"岳"字的"丘"部合并，得到"邱"字。

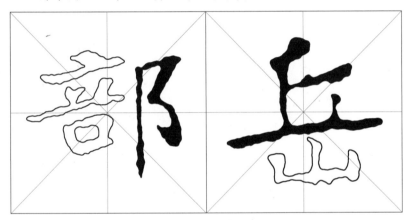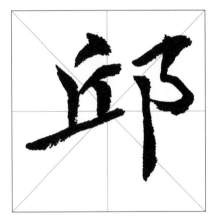

坞＋欲——欧　　将"坞"字右旁与"欲"字右旁合并，得到"欧"字。

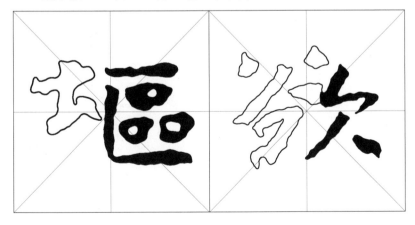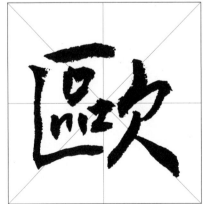

其+欲——欺　将"其"字移到"欲"字的"欠"部的左边，得到"欺"字。

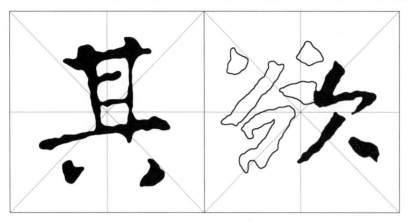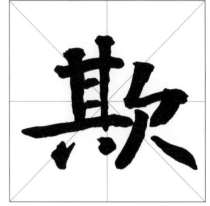

悟+次——吹　将"悟"字的"口"部与"次"字右旁合并，得到"吹"字。

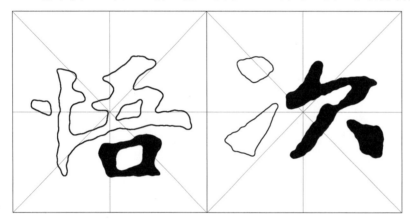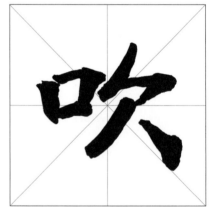

铭+次——钦　将"铭"字左旁与"次"字右旁合并，得到"钦"字。

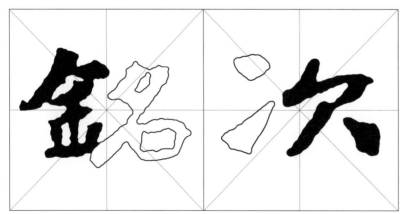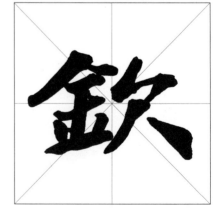

方＋故——放　　将"方"字移到"故"字的"攵"部的左边，得到"放"字。

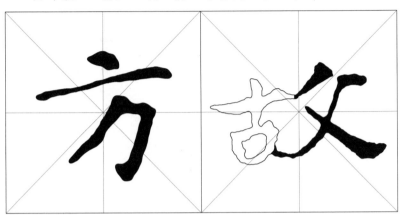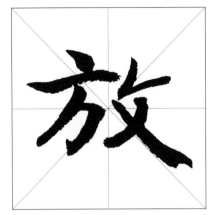

海＋故——敏　　将"海"字右旁与"故"字右旁合并，得到"敏"字。

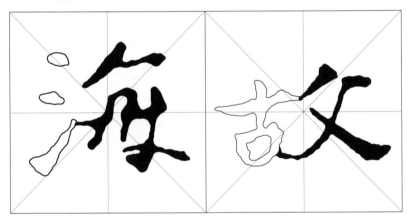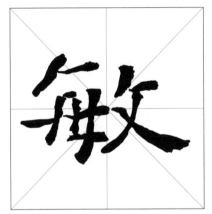

坟＋方——坊　　将"坟"字左旁移到"方"字左边，得到"坊"字。

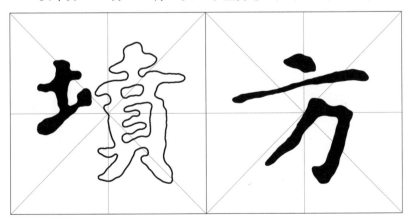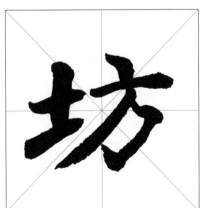

孝+故——教　　将"孝"字移到"故"字的"攵"部的左边，得到"教"字。

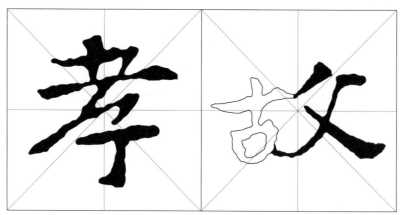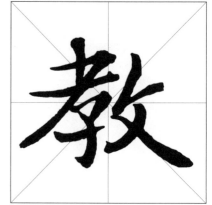

晓+新——昕　　将"晓"字左旁与"新"字右旁合并，得到"昕"字。

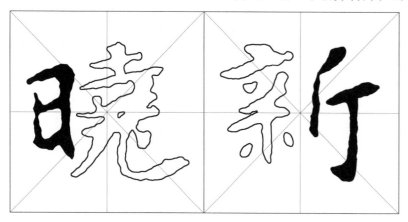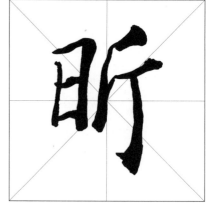

其+新——斯　　将"其"字移到"新"字的"斤"部的左边，得到"斯"字。

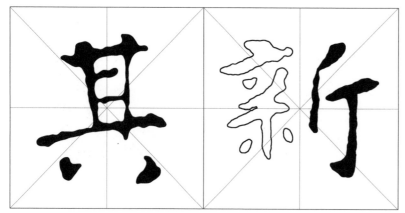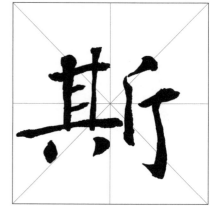

性＋新——忻　将"性"字左旁与"新"字右旁合并，得到"忻"字。

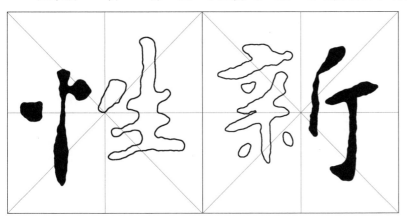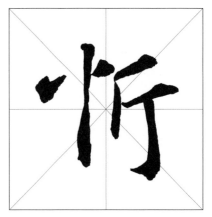

輢＋新——斬（斩）　将"輢"字左旁与"新"字右旁合并，得到"斬"字。

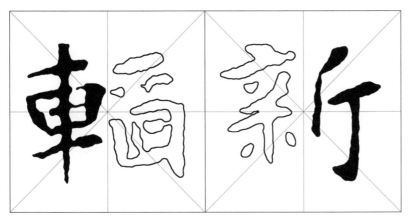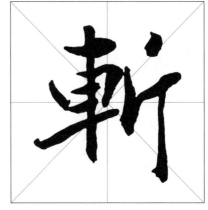

辛＋苗——宙　将"辛"字的"宀"部与"苗"字的"田"部合并，得到"宙"字。

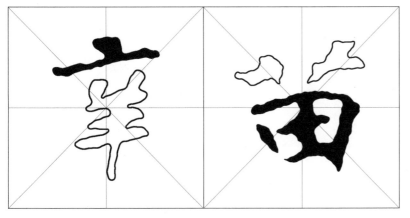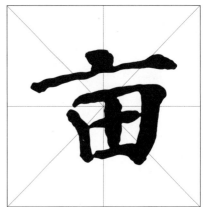

亥+光——亢　　将"亥"字的"亠"部与加以整理后的"光"字下部合并，得到"亢"字。

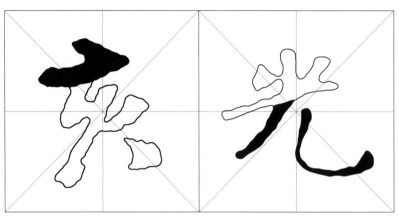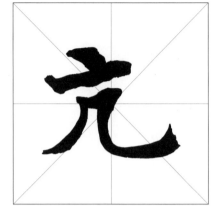

高+毛——毫　　将"高"字的上部加以变形移到"毛"字的上方，得到"毫"字。

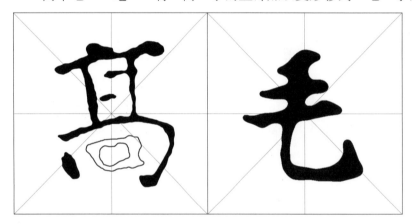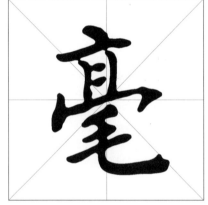

言+父——交　　将"言"字的"亠"部移到"父"字的上方，得到"交"字。

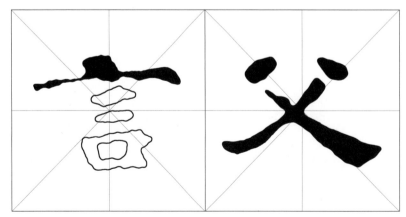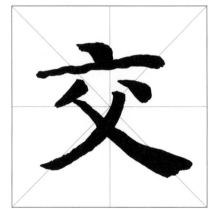

原+丁——厅 将"原"字的"厂"部移到"丁"字的上方，得到"厅"字。

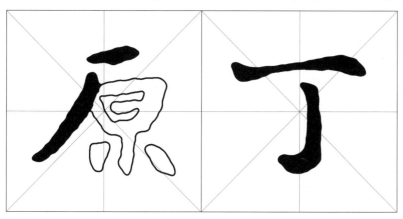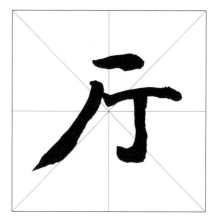

原+悲——愿 将"原"字移到"悲"字的"心"部的上方，得到"愿"字。

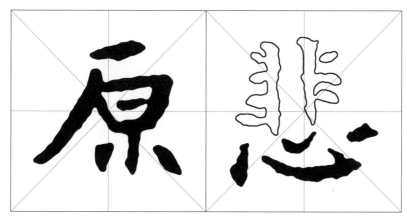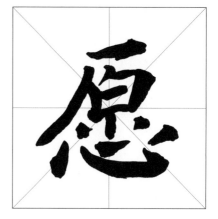

原+在——压 将"原"字的"厂"部和右点与"在"字的"土"部合并，得到"压"字。

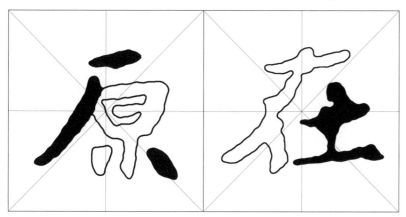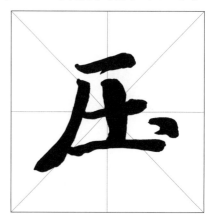

原＋太——厌　　将"原"字的"厂"部和右点与"太"字的"大"部合并，得到"厌"字。

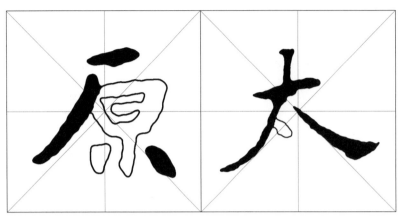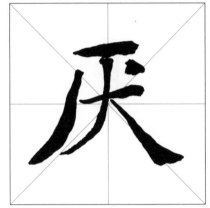

光＋太——尖　　将"光"字的"小"部与"太"字的"大"部合并，得到"尖"字。

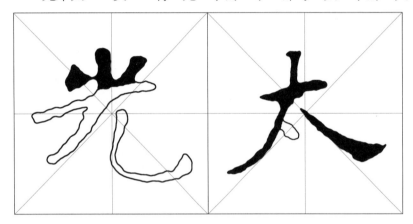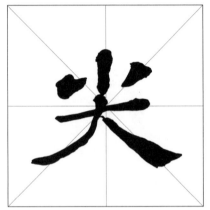

堂＋帝——常　　将"堂"字的上部与"帝"字的"巾"部合并，得到"常"字。

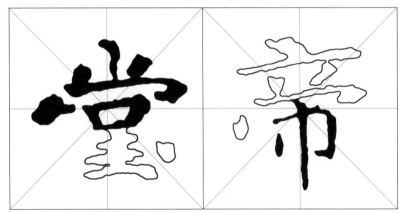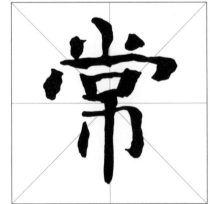

光+唯——雀　将"光"字的"小"部与"唯"字的"佳"部合并，得到"雀"字。

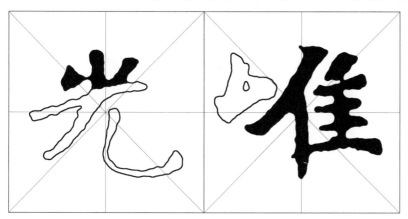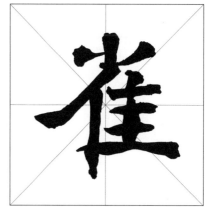

堂+黑——党（黨）　将"堂"字的上部移到"黑"字上方，得到"党"字。

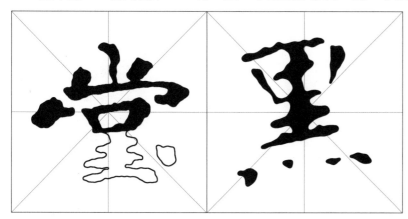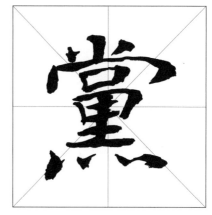

府+木——床　将"府"字的"广"部移到"木"字的上方，得到"床"字。

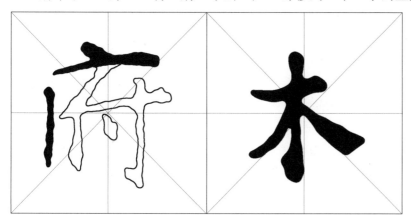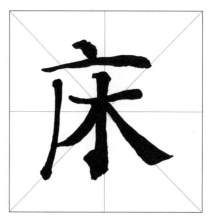

府+太——庆　　将"府"字的"广"部与"太"字的"大"部合并，得到"庆"字。

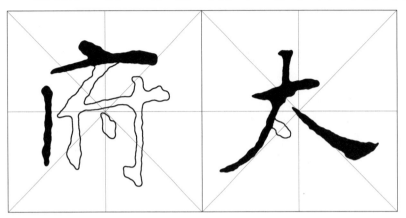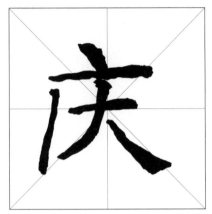

府+无——庑　　将"府"字的"广"部移到"无"字的上方，得到"庑"字。

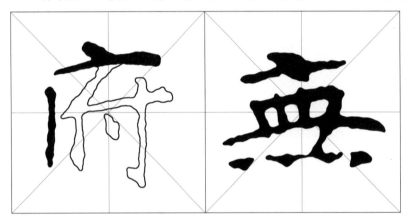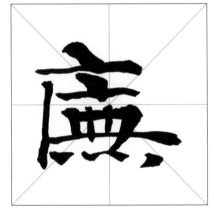

府+军——库　　将"府"字的"广"部与"军"字的"车"部合并，得到"库"字。

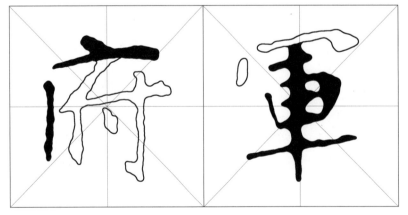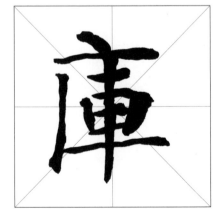

宇+女——安　　将"宇"字的宝盖头移到"女"字的上方，得到"安"字。

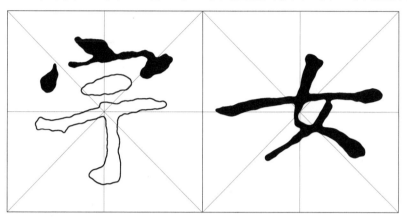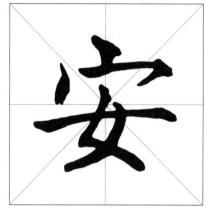

守+军（軍）——审　　将"守"字的宝盖头与"軍"字的"申"部合并，得到"审"字。

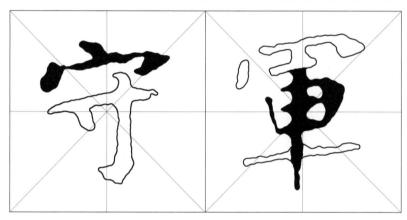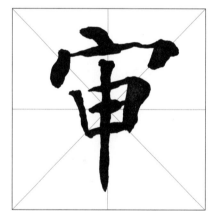

室+祖——宜　　将"室"字的宝盖头与"祖"字右旁合并，得到"宜"字。

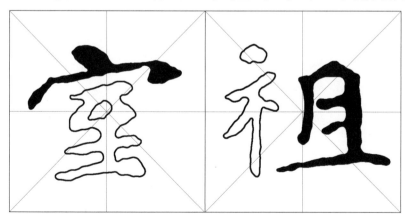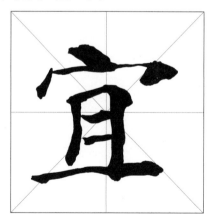

宝＋荣——宋　　将"宝"字的宝盖头与"荣"字的"木"部合并，得到"宋"字。

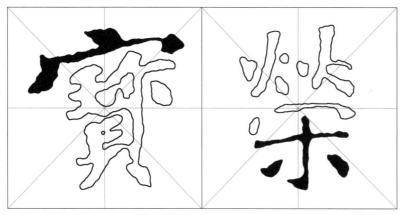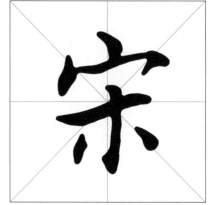

苗＋方——芳　　将"苗"字的草字头移到"方"字的上方，得到"芳"字。

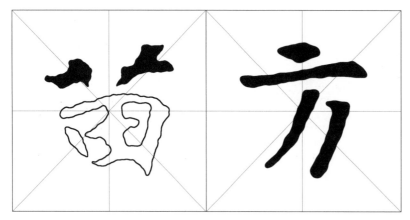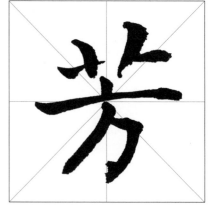

草＋平——苹　　将"草"字的草字头移到"平"字的上方，得到"苹"字。

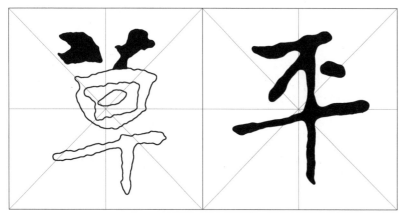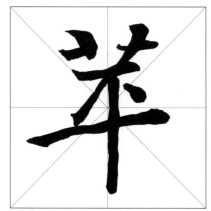

叶（葉）＋因——茵　将"葉"字的草字头移到"因"字的上方，得到"茵"字。

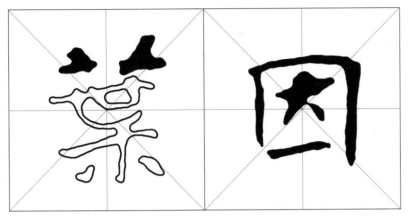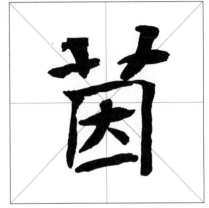

墓＋新——薪　将"墓"字的草字头移到"新"字的上方，得到"薪"字。

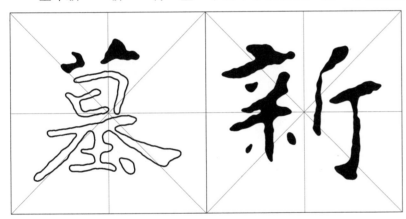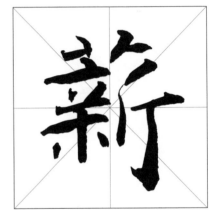

泰＋矣——奏　将"泰"字的上部分与"矣"字的"天"部合并，得到"奏"字。

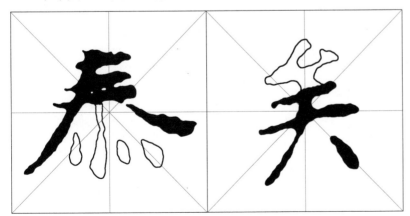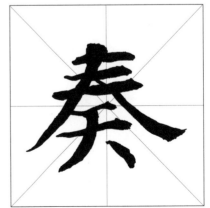

春+悲——蠢（惷）　将"春"字与"悲"字的"心"部合并，得到"蠢"字。

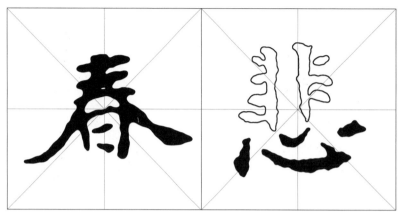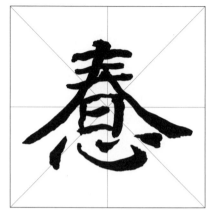

春+举——奉　将"春"字的上部与"举"字的下部合并，得到"奉"字。

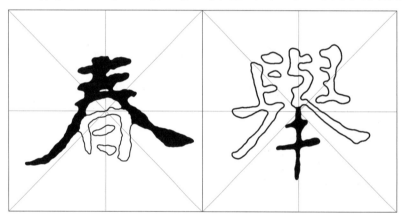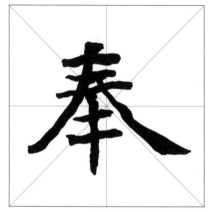

春+和——秦　将"春"字的上部与"和"字的左旁合并，得到"秦"字。

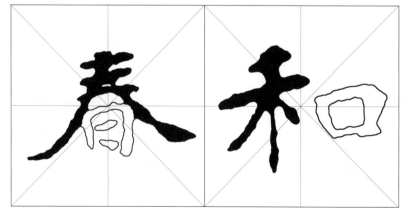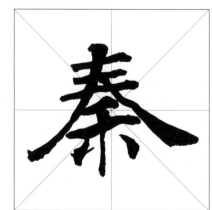

差+自——着　　将"差"字的"羊"部与"自"字的"目"部合并，得到"着"字。

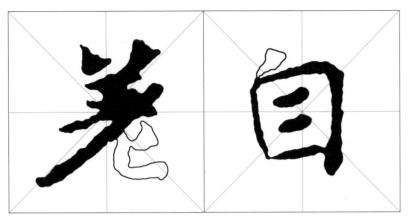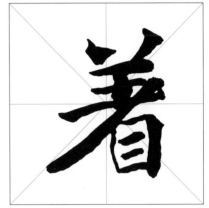

义（義）+太——美　　将"義"字的"羊"部与"太"字的"大"部合并，得到"美"字。

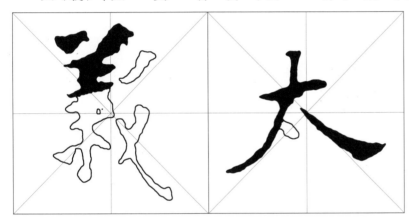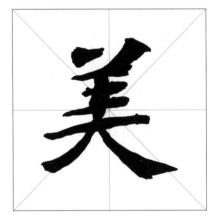

盖+妻——姜　　将"盖"字的上部与"妻"字的"女"部合并，得到"姜"字。

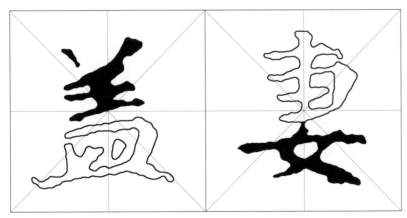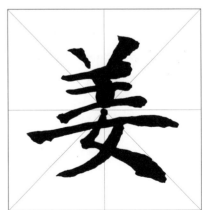

盖+无（無）——羔　　将"盖"字的上部与"無"字的"灬"部合并，得到"羔"字。

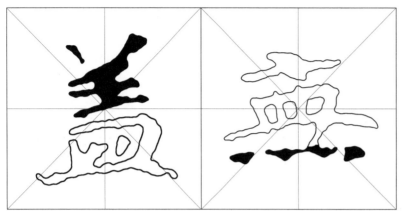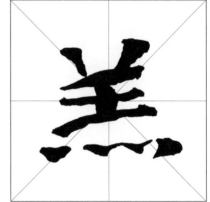

灵（靈）+相——霜　　将"靈"字的"雨"部移到"相"字的上方，得到"霜"字。

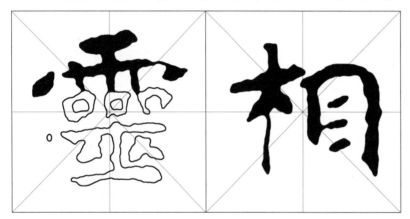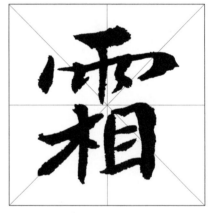

霄+雅——霍　　将"霄"字的"雨"部与"雅"字的"隹"部合并，得到"霍"字。

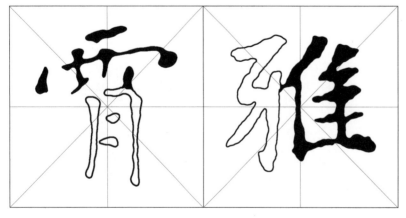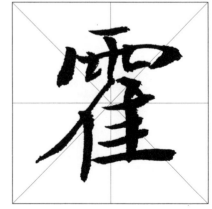

霄+令——零　将"霄"字的"雨"部移到"令"字的上方，得到"零"字。

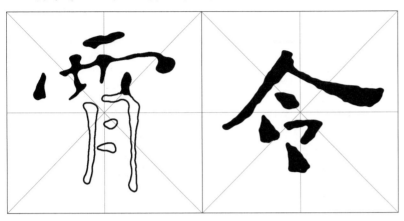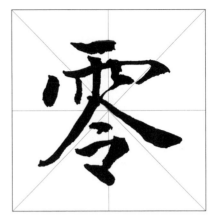

霄+里——雷　将"霄"字的"雨"部与"里"字的"田"部合并，得到"雷"字。

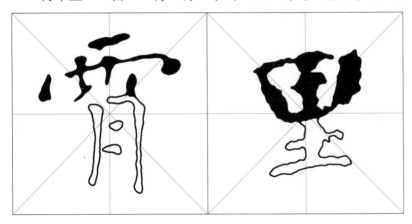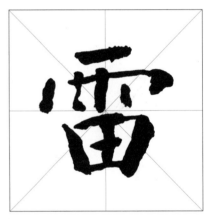

照+唯——焦　将"照"字的四点底与"唯"字的"隹"部合并，得到"焦"字。

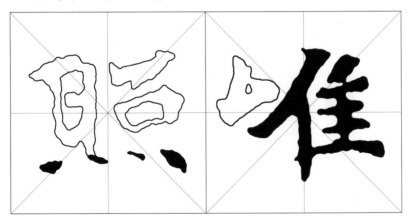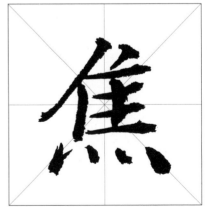

无（無）+寿——焘　　将"無"字的四点底移到"寿"字的下方，得到"焘"字。

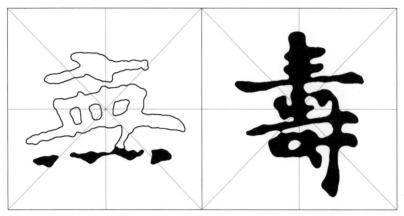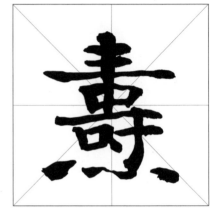

黑+君——焄　　将"黑"字的四点底移到"君"字的下方，得到"焄"字。

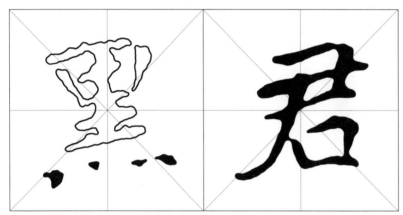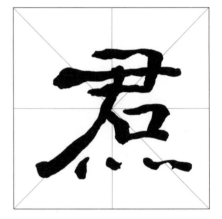

无（無）+动（動）——勋（勲）　　将"無"字的四点底移到"動"字的下方，得到"勲"字。

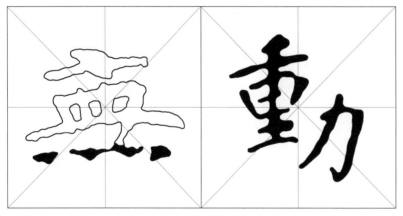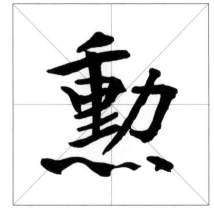

悲＋相——想　　将"悲"字的心字底移到"相"字的下方，得到"想"字。

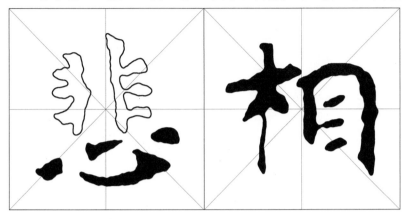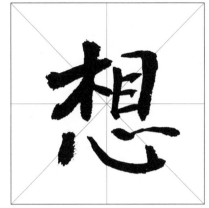

悲＋令——念　　将"悲"字的心字底与"令"字的"今"部合并，得到"念"字。

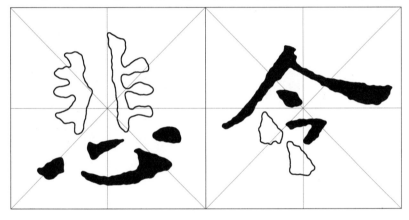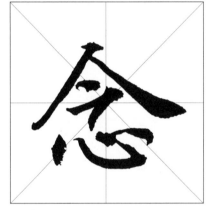

悲＋作——怎　　将"悲"字的心字底与"作"字的右旁合并，得到"怎"字。

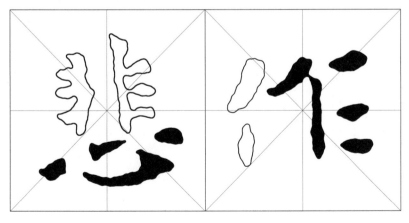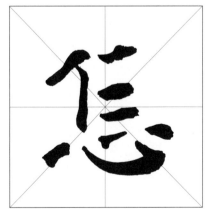

荡（盪）+于——盂　将"盪"字的"皿"部移到"于"字下方，得到"盂"字。

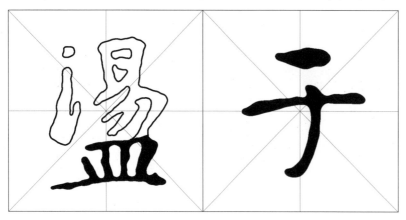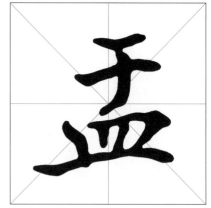

盖+中——盅　将"盖"字的"皿"部移到"中"字的下方，得到"盅"字。

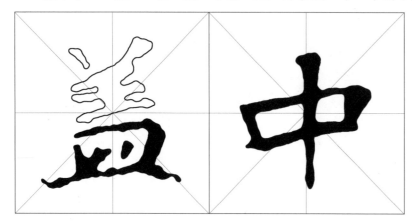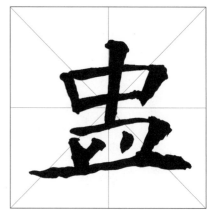

盖+明——盟　将"盖"字的"皿"部移到"明"字的下方，得到"盟"字。

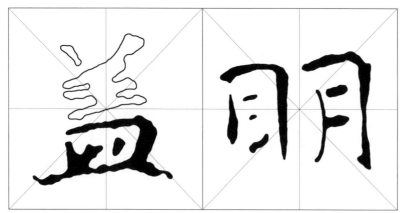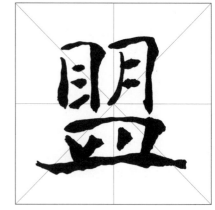

盖+次——盗　将"盖"字的"皿"部移到"次"字的下方，得到"盗"字。

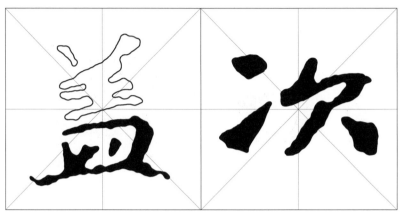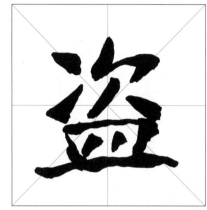

门+日——间　将"门"字与"日"字合并，得到"间"字。

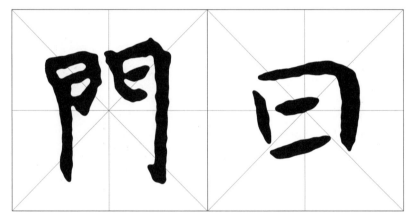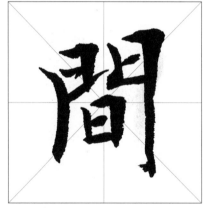

门+木——闲　将"门"字与"木"字合并，得到"闲"字。

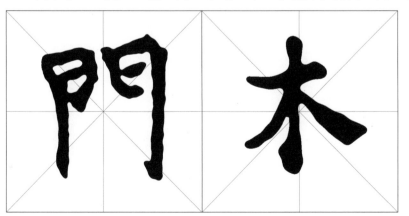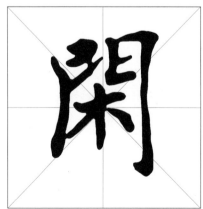

门+加——问　　将"门"字与"加"字的"口"部合并，得到"问"字。

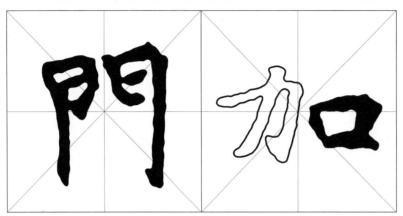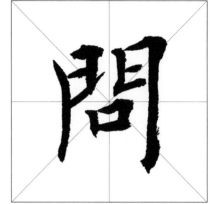

门+驰——闯　　将"门"字与"驰"字的"马"部合并，得到"闯"字。

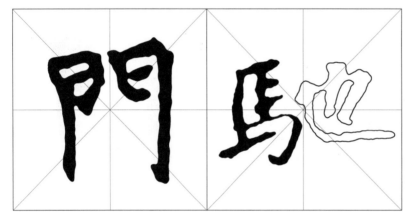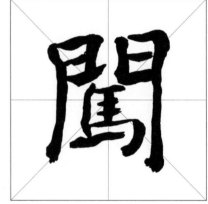

第三节　根据原帖风格造字法

我们在临摹和创作的时候会碰到这种情况，我们所需要的字原帖上没有，用前述两种方法也解决不了。这时我们可以根据原帖风格来"造"出我们所需要的字。

下面以有斜钩的字和有走之底的字为例。

一、有斜钩的字

先从原帖中找出一些有斜钩的字，然后再做分析。

首先在字的右边画一条垂直线（以"威"字为例说明），把线条由右往左移动，到达上点的右端停下来。

其次，在字的下方画一条水平线，由下往上移动，到达右撇的端点停下来。

我们发现，斜钩比其字上部的右边要宽，比其字下方的端点要低，这就是斜钩的结字规律。分析下述例字，它们都符合这个规律。我们可以根据这个规律结合原帖的风格来"造"出我们所需要的带有斜钩的字。

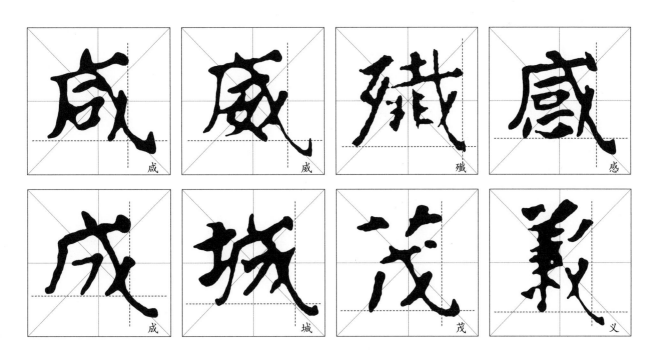

其他的一些字我们没有画上线条，读者可以随机训练，自己画一画，以加深印象和理解。

有鉴于此，下面我们就来"造"出这些简化字。

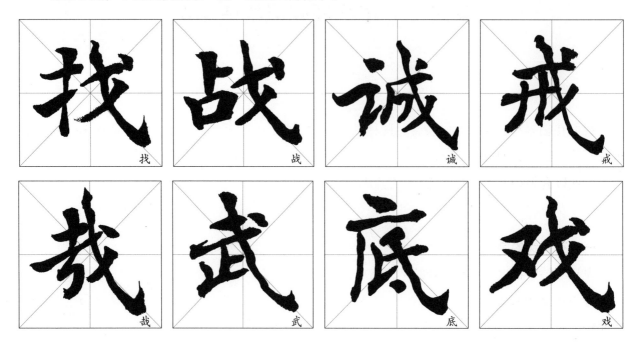

第 7 章

集字与创作

　　章法的传统格式主要有中堂、条幅、横幅、楹联、斗方、扇面、长卷等。这里以中堂为例介绍章法的传统格式。中堂是书画装裱中直幅的一种体式，以悬挂在堂屋正中壁上得名。中国旧式房屋楼板很高，人们常在客厅（堂屋）中间的墙壁挂一幅巨大的字画，称为中堂书画，是竖行书写的长方形的作品。一幅完整的中堂书法作品其章法包含正文、落款和盖印三个要素。

　　首先，正文是作品的主体部分，内容可以是一个字，如福、寿、龙、虎等有吉祥寓意的大字；也可以是几个字，如万事如意、自强不息、家和万事兴；还可以是一段文字或一篇文章，如《岳阳楼记》《兰亭序》；等等。也有悬挂祖训、格言、名句或者人物肖像、山水画、花鸟画的。尺寸一般为一张整宣纸（分四尺、五尺、六尺、八尺等）。传统中堂的写法，如果字数较多要分行书写，一般从上到下竖行排列，从右至左书写。首行不需空格，首字应顶格写；末行不宜写满，也不应只有一个字，末字下应留有适当空白。作品一般不用标点，繁体字与简化字不要混合使用。书写文字不可写满整张纸面，四周适当留出一定的空白，形成白色边框。字与字之间也应适当留空。不同的书体，其留白的形式也有区别。楷书、行书和篆书的字距小于行距，行距小于边框，以显空灵。隶书的字距大于行距。草书变化最大，有时字距大于行距，有时行距又大于字距，但是要留足边框。总之要首尾呼应，字守中线。一幅作品的正文的第一个字与最后一个字，即首字与末字，应略大或略重于其他字。首字领篇，末字收势，极为重要。作品中的每一个字都有一定的大小、轻重及形状，不可强求完全相同，要注意大小相宜，轻重适度，整体协调，字大款小，字印相映。

　　其次，落款是说明正文的出处，馈赠的对象，作者的姓名、籍贯，创作的时间、地点或者创作的感受等。落款源于"款识"，原本是青铜器上的铭文对浇铸缘由的说明，后沿用为对书画作品作者及内容的说明。落款分为上下款，作者姓名称为下款，书作赠送对象称为上款。上款一般不写姓只写名字，以示亲切，如果是单名，则姓名同写。在姓名下还要写上称谓，一般称"同志""先生"，在下面写"正之""正书""指正"或"嘱书""嘱正""雅正""惠存"等。上款可写在书作右上方或正文结束之后，但必须在下款的上方，以示尊敬。落款一般不与正文齐平，可略下些，字比正文小些。时间可以用公元纪年，也可以用干支纪年。篆书、隶书、楷书作品可用楷书或行书来落款，特别是用行书来落款，还可取得变化的效果。行书作品可用行书或草书来落款，但不要相反，即正文宜静态，落款宜动态。

最后，盖印。印章通常有姓名章和闲章两类。姓名章又叫名章，名章以外的印章都叫闲章。闲章的内容可以是名言佳句、书斋号、雅号或生肖之类。姓名章与款字大小相适，一般略小于款字，印盖于落款的下面，若用两方，则两方印章之间空一方印章的位置。闲章形式多样，可大可小，一般印盖于正文首字旁边的叫起首章（启首章），盖于中间部位的叫腰章，盖于角落的叫压角章。盖印的目的一是取信于人，二是给作品以锦上添花、画龙点睛之妙。一幅成功的中堂书法作品，是正文、落款和盖印三方面内容的有机结合，即处理好字与字、行与行的对比调和关系，使作品的黑与白、有与无、虚与实、动与静、阴与阳得到和谐的解决。

1. 中堂

用整张宣纸书写，适宜挂在厅堂中间。

传统的中堂的布局一般是从右到左排列，从上到下竖写，首行顶格托起，末行可以满格也可以不满格。适当留出落款和盖章的位置。

释文：天女临风散华作雨
　　　玉人映月秋水为神

释文：奇人举烛明其曜
　　　茂草临风若有神

2. 条幅

是长条的书法作品形式，成组的条幅叫条屏。

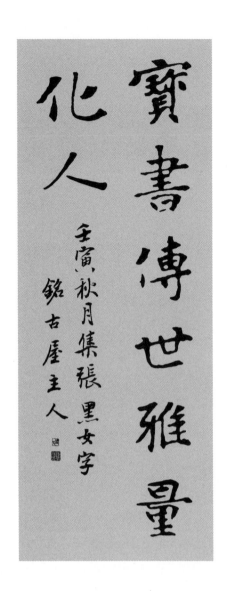

释文：宝书传世

雅量化人

3. 横幅

也叫横披，书法作品形式为横长竖短。传统横幅一般是横向自右向左书写。现当代书籍从左向右横排以后，横幅也有了自左向右书写的形式。特别是匾额、招牌等，为横幅的一种实用形式。

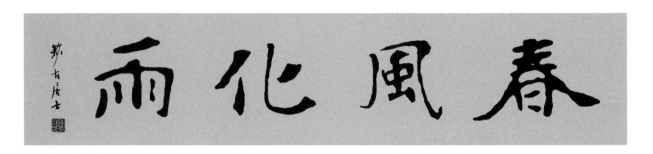

释文：春风化雨

4.对联

对联又叫对子或楹联，是中华文化特有的一种艺术形式。它是由字数相等、平仄相谐、内容相关、结构相当、词性相同，且对偶工整的出句和对句组成，出句也叫上联，对句也叫下联。字数多的联可写成多列的龙门对，即从两边写起，中间收结。

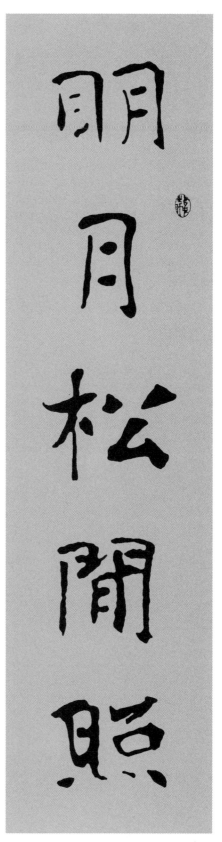

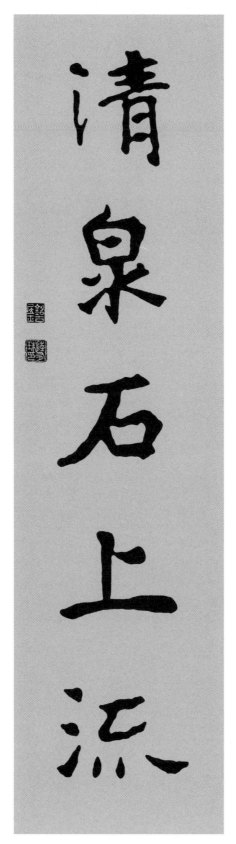

释文：明月松间照　清泉石上流

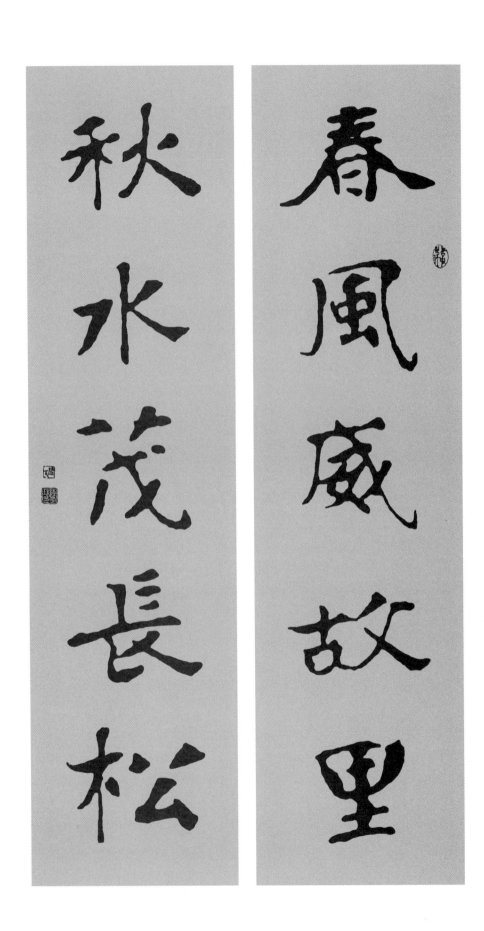

释文：春风威故里　秋水茂长松

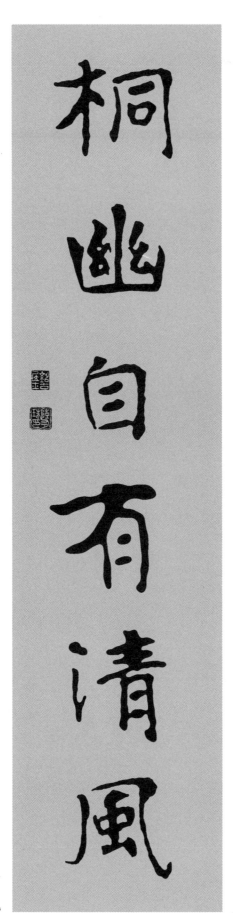

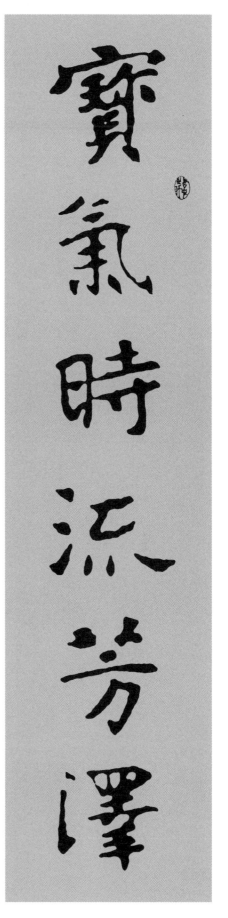

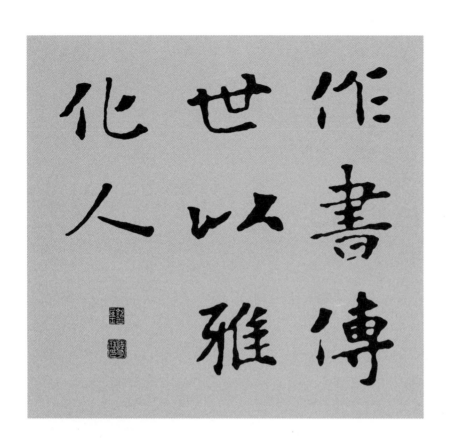

5. 斗方

把纸裁成正方形或近似正方形的幅式来书写的作品形式，叫斗方。

释文： 作书传世
以雅化人

释文： 雅量含高远
泰然禀阴阳

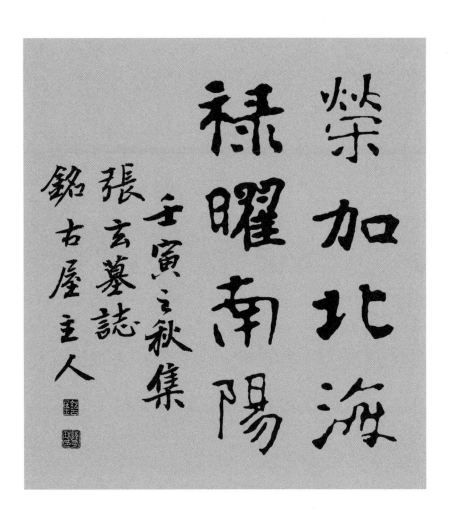

释文：荣加北海
　　　禄曜南阳

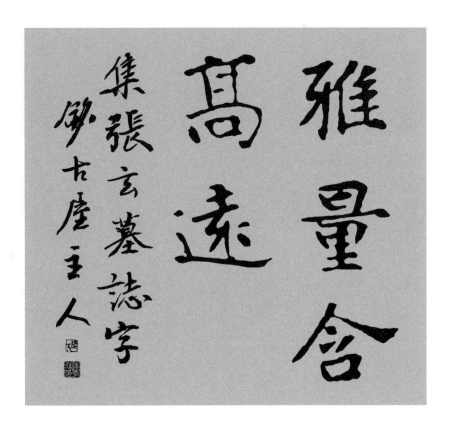

释文：雅量含高远

6. 扇面

扇面是指扇形的幅式，它分为折扇和团扇两大类。折扇上宽下窄，呈弧形状，安排字行要注意这个特点。可用长短行列错落安排，一列字多，一列字少的交替式，使作品错落有致，避免出现因下面位置窄小而造成的拥挤感。团扇则按纸面将文字安排成圆形或近似圆形的幅式。

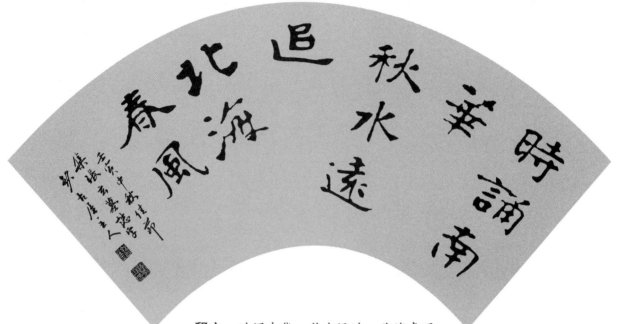

释文：时诵南华　秋水远追　北海春风

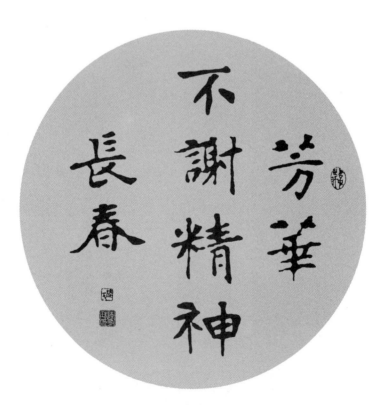

释文：芳华不谢　精神长春

7. 长卷

又叫手卷，是横幅的加长幅式。一般用来书写长篇文章或者连续书写多篇诗文。

释文：

湖光秋月两相和	潭面无风镜未磨	遥望洞庭山水色	白银盘里一青螺
山明水净夜来霜	数树深红出浅黄	试上高楼清入骨	岂如春色嗾人狂
新妆宜面下朱楼	深锁春光一院愁	行到中庭数花朵	蜻蜓飞上玉搔头
山围故国周遭在	潮打空城寂寞回	淮水东边旧时月	夜深还过女墙来
山桃红花满上头	蜀江春水拍山流	花红易衰似郎意	水流无限似侬愁
自古逢秋悲寂寥	我言秋日胜春朝	晴空一鹤排云上	便引诗情到碧霄
朱雀桥边野草花	乌衣巷口夕阳斜	旧时王谢堂前燕	飞入寻常百姓家

131

第 8 章

原帖欣赏

（字的顺序从右到左）

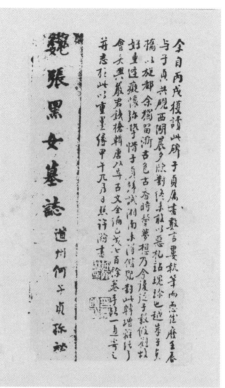

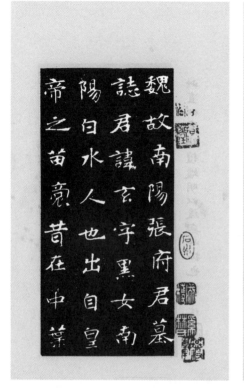

光照世君稟陰陽之
純精含五行之秀氣
雅性高奇識量沖遠
解褐中書侍郎除南

陽太守嚴威旣被其
僑草上加風民之悅
化若魚之樂水方欲
羽翼天朝挾乎帝室

何啚幽靈无簡殲山
名哲春秋世有二太
和平七年薨於蒲坂
城建中鄉孝義里妻

河北陳進壽女壽爲
巨祿太守便是璩寶
桐暎璣玉泰耊俱以
普泰元年歲次辛亥

九月丁酉朔一日丁
酉卜於蒲坂城東原
之上君臨終清悟神
誚端明勤言成軌泯

然去世于時見人同
悲避方悽長泣故刊
石傳光以作誦日
巍美蘭胃茂手芳幹

氣暎霄衢根通海矜
休氣貫岳榮光接漢
儔与風翔澤從雨敞
運謝星馳時流迅速

眈彫桐枝頃摧良木
三河奄曜以堙窀燭
廛感毛羣悲傷羽袟
巍堂巍曉墳宇唯瞖

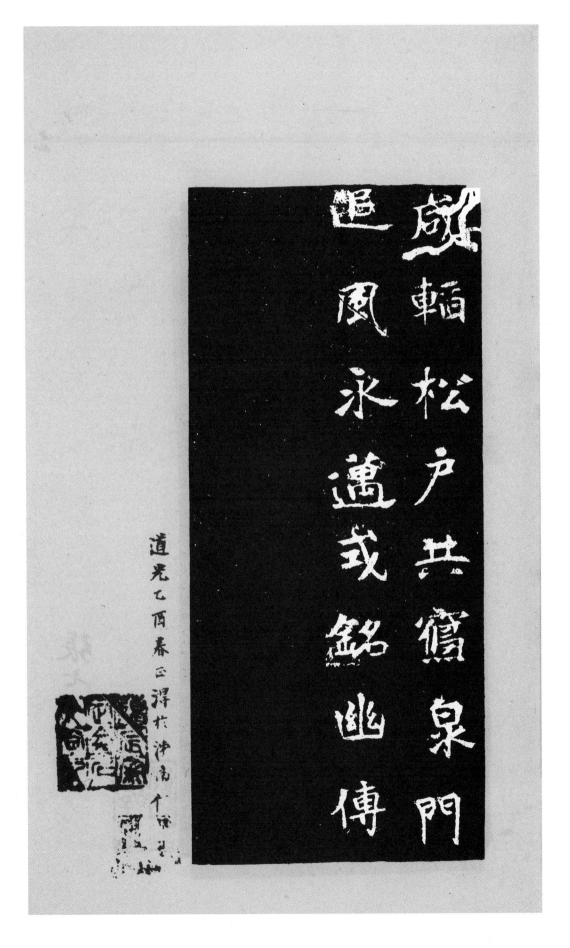

感輶松戶共竄泉門
逗風永邁或銘幽傳

道光乙酉春正得於沖虛千峰寺